La cuisine des maris

Gilles Perez

La cuisine des maris

Librio

INTRODUCTION

« La cuisine est une affaire d'hommes... »
Un « farias » (cigare populaire espagnol de bonne facture) entre les dents, un sourire à faire pâlir de jeunes donzelles en mal d'émotion, l'auteur de cette assertion n'a rien d'un réactionnaire aigri par la libération des femmes : c'est Xavier Domingo (prononcez javier), un épicurien. Et rien ne sert de débattre, polémiquer, s'essayer aux joutes verbales : la cuisine est une affaire d'hommes, point. La phrase est brute, sans ambages. Ce livre n'est pas seulement un recueil classique de recettes culinaires. Il se veut aussi un manifeste pour redonner à l'homme toute sa place dans la cuisine, dans la maison et dans la société. Hissez haut les drapeaux, nous revoilà !

Pour rassurer, tout de même, ceux qui se sentiraient à la merci d'une saillie verbale de leur compagne en partant à l'assaut des fourneaux, voici quelques arguments. Historiquement, l'homme se chargeait des affaires de bonne chère parce qu'il fallait porter de lourdes carcasses d'agneau, de cochon ou de bœuf pour les faire rôtir à point. Un machisme mal compris a dévolu aux femmes l'entreprise culinaire et les a enfermées dans le réduit de la cuisine pour leur ôter tout contact avec l'extérieur. À l'heure où le père et le mari n'ont, généralement, plus qu'une fonction financière au sein de la

famille (rapporter le plus d'argent possible à la maison), il est urgent de revaloriser la place de l'homme au foyer.
La cuisine est un lieu de plaisir et de pouvoir (pourquoi ne pas le dire ?) trop essentiel pour le céder, par habitude, aux seules femmes. N'est-ce pas dès la cuisine que se prépare une bonne réception des invités ? Si vos pères ne cuisinaient pas, cherchez bien et vous trouverez, dans votre famille, un grand-père ou un arrière-grand-père amateur des plaisirs du palais, qui éprouvait une vraie jouissance à se glisser derrière les casseroles, à mélanger huile d'olive, ail et farigoules pour enchanter le cercle familial.

« Maman Dolto » nous a assené que le père était le garant des règles, mais aussi celui qui devait montrer aux enfants comment les transgresser. Notre approche de la cuisine tient là. Comment réaliser de bonnes vieilles recettes en y apportant quelquefois une « touche » de plaisir. Transformez ce lieu austère en lieu d'enchantement et vous verrez vos enfants s'intéresser au frottis de la tomate sur pain aillé ou s'inquiéter en vous voyant faire flamber des fruits de mer. De toute façon, votre dulcinée a, elle aussi, depuis bien longtemps, abandonné sa cuisine. C'est devenu un lieu désert, trop bien rangé. À droite, en bas de l'armoire, vous savez que vous trouverez la purée en sachets. En haut, à gauche, les boîtes d'haricots verts.
Votre mission, si vous l'acceptez, est de redonner un semblant de vie, et donc de désordre à tout cela ! Affirmez-vous ! Exprimez-vous ! Imprimez votre marque sur les aliments comme sur les ustensiles et vous deviendrez le héros de vos enfants et de votre femme. Une fois la panse pleine, ils sauront se montrer reconnaissants.

Le problème, c'est que votre douce continuera de vouloir donner le change et ne manquera pas une séance dans un hypermarché pour dire à forte voix : « N'oublie pas de prendre des courgettes, j'en ferai toujours quelque chose. » Un mois plus tard, les courgettes seront toujours dans le bac à légumes et c'est à vous qu'appartiendra la tâche ingrate de les jeter, tandis que, dans votre dos, résonnera la pire des hypocrisies : « Oh ! je déteste jeter de la nourriture. »

Investissez donc la cuisine. Et ne vous inquiétez point des réactions de votre promise. Passé la surprise de vous voir pénétrer un lieu aussi incongru sans vous entendre dire « Quand est-ce qu'on mange ? », elle cherchera à vous perturber par un rangement des ustensiles fait en dépit du bon sens. Vous venez de changer la place qu'avait dévolue à chaque chose sa mère (oui, Jolie-maman !) et avant elle, la mère de sa mère. Décidément, il n'y a qu'elle qui soit capable d'investir du Sacré dans la place d'une planche à découper, à côté des casseroles plutôt que dans le tiroir aux couteaux !

Passez outre à ces réactions d'agacement et demandez-lui plutôt de vous acheter, à votre prochain anniversaire de mariage, un vrai grand couteau de cuisine ainsi qu'une pierre à aiguiser. Elle ironisera sur votre besoin d'affirmer votre virilité. Tenez bon ! Vous êtes en train de la faire vaciller sur ses bases ancestrales. Il est normal que ses réactions soient teintées d'agressivité. Dans quelques jours, elle vous coulera un œil taquin après avoir goûté votre sauce au roquefort et aux pointes d'ail. Et puis, dites-vous bien qu'ainsi redevenu le maître de maison, il vous sera plus facile de lui proposer une sortie entre copines pour recevoir mercredi soir prochain vos amis autour d'une belle bouteille et d'un petit gueuleton, en ponctuant de vos beuglements la finale de la Coupe d'Europe de football. Vous saurez que vous avez vraiment gagné la partie lorsqu'elle vous proposera d'elle-même de vous aider à éplucher les oignons.

Enfin, faut-il le rappeler, de la cuisine naît un plaisir érotique puissant. D'abord, peut-être par défaut : « Comment se refuser à un homme qui a passé trois heures dans sa cuisine pour vous ? », s'interroge Manuel Vazquez Montalban en s'adressant aux femmes dans ses *Recettes immorales*. Ensuite parce que, de votre imagination ou de votre savoir-faire, dépend souvent le déroulement d'une soirée. Prenez des libertés vis-à-vis des recettes proposées. Elles ne sont que le canevas de votre prochain délire culinaire.
En un mot, soyez vous-mêmes, amusez-vous et prenez beaucoup de plaisir...

1 – VOUS AVEZ UNE HEURE POUR RECEVOIR DES AMIS À DÎNER

Cela vous prend souvent dans le métro. Vous venez de vous rendre compte de l'heure tardive. Et vous vous repassez le film des dernières heures. Bien sûr, vous n'étiez pas obligé d'accompagner la stagiaire jusqu'au service des archives, vous pouviez ne pas perdre pour la énième fois à ce jeu débile que votre collègue de bureau a installé sur votre ordinateur, vous pouviez vous dispenser enfin de prendre ce petit apéro en compagnie de votre chef, qui en a profité pour déverser sur vous ses problèmes de cœur. Soit. Mais renoncer à cela, c'est aussi renoncer à ces petits riens qui ensoleillent votre quotidien. Chassez la mauvaise conscience, il vous faut agir maintenant et chaque minute compte. Car ce soir vous recevez un vieux couple d'amis que vous avez eu le chic d'inviter au dernier moment. C'est pour cette spontanéité-là qu'on vous aime. Et qu'elle vous déteste. Répétez donc, debout dans le métro, les gestes utiles qui vous permettront de passer une agréable soirée. À partir de maintenant, tout doit être minuté. Votre saut à la boulangerie, l'escapade en courant chez le petit épicier, et surtout votre arrivée à la maison où vous devez afficher un grand sourire serein sur le mode « ne t'inquiète pas, je m'occupe de tout ». Faites comme si vous n'aviez pas vu son sourire narquois et enfilez votre tablier.

Si votre cas est désespéré, prenez en compte uniquement les recettes qui nécessitent 5 minutes de préparation et filez au chapitre « Tapas »...

Crème de champignons et petits ravioles

Cette recette est un délice fondant. Ce n'est pas moi, c'est Elle qui me l'a dit la première fois. Maintenant, lorsque soudain l'envie lui prend, elle me regarde avec de petits yeux minaudants et se passe la langue sur les lèvres. Ne vous trompez pas, ce n'est pas mon corps qui lui fait cet effet-là, mais cette petite crème douce au palais fleuri qui la renverse comme au premier jour. En hiver, au printemps, à l'automne, bref quand l'envie la prend, ne tardez pas. Vous avez toujours dans votre placard au minimum deux petites boîtes de champignons émincés. Les ravioles de Romans, délices aux herbes du Dauphiné, ajoutent la petite note qui la submergera. Si elle vient de terminer un livre sur le pouvoir des couleurs dans le comportement humain (ça s'appelle la chromathérapie), ajoutez des petites tomates cerises en garniture...

Pas cher, très simple, succulent
Préparation : 20 mn
Cuisson : 15 mn

Pour 6 personnes :

Prévoir 1 plaque de ravioles par personne (dans un paquet, vous en trouverez entre trois et quatre. Choisissez les ravioles de Romans préparées par des producteurs locaux, en vente dans les supermarchés au

rayon frais. Sans être puriste, vos ravioles seront fondantes à point pour cette recette)
600 g de champignons de Paris (préférez les champignons déjà émincés surgelés, même s'ils dégagent beaucoup d'eau. Sinon, prendre plusieurs boîtes de champignons coupés ou, si le courage vous en dit et que le temps ne vous manque pas, prenez des champignons frais)
1 très gros oignon ou 3 moyens
2 gousses d'ail
Persil
1 l de crème fraîche
Sel, poivre
Beurre

Si vous avez donc du courage et que vous avez choisi des champignons frais, brossez-les bien, épluchez-les et coupez-leur les pieds. Puis, émincez le tout (quel que soit la sorte de champignon choisie, il faut que l'émincé soit fin).
Faites chauffer les oignons dans du beurre. Dès qu'ils sont transparents, avant qu'ils ne roussissent, jetez l'ail haché, les champignons et le persil pour qu'ils reviennent ensemble.
Si votre émincé de champignons n'est pas assez fin et menu (et c'est préférable pour réussir une bonne cuisson), versez le tout dans un mixeur et hachez.
Parallèlement, chauffez la crème. Dès que votre hachis est terminé, incorporez dans une grande casserole ou une large sauteuse les champignons et la crème. Portez à ébullition pendant quelques minutes. Ajoutez le sel et le poivre. Et laissez votre sauteuse à découvert tout en remuant régulièrement pour épaissir encore un peu la crème.

Au dernier moment, avant de servir, faites bouillir 2 litres d'eau salée, une goutte d'huile et un cube de bouillon de volaille. Jetez les ravioles dès que l'eau est bouillante. Laissez cuire les ravioles 1 à 2 minutes. Attention, cela peut aller très vite. Dès qu'elles remontent à la surface, vous pouvez goûter, elles sont à point. Versez dans le fond d'assiettes creuses la crème de champignons. Garnir avec les ravioles. Vous pouvez décorer avec de toutes petites branches de cerfeuil ou des feuilles de ciboulettes fraîches. Si vous n'en trouvez pas, n'insultez pas votre marchand de légumes, vos amis vont de toute façon se pâmer et vous allez faire le beau...

Servir avec un laudun blanc 1997, cave des 4 chemins (côtes-du-rhône original et très fruité). Que les choses soient claires : pas de bordeaux chez moi. En bon Méditerranéen, fier et arrogant, c'est toujours pour moi l'occasion de lancer un débat sur les défauts de l'océan sans cœur et sur les charmes de notre bassin, creuset de civilisations. Cela vous permettra surtout d'engager un premier sujet polémique, recette infaillible des dîners réussis. Quelques arguments en vrac à distiller en entrée : « Les bordeaux ne sont que des étiquettes pour épater le premier Américain venu », « ils ne connaissent de la générosité que celle de votre portefeuille »...

Œufs cocotte au bleu d'Auvergne et aux pointes d'ail

Les œufs cocotte ont un pouvoir étonnant. Ils réveillent en nous des souvenirs insoupçonnés, tapis au plus profond de notre enfance. Un œuf cocotte, c'est meilleur et moins cher qu'un psy. Effet garanti. Même la conquête d'un soir de votre ami Franck se trouvera toute chose en les gouttant et vous lancera des œillades explicites. La petite cuillère de crème fraîche épaisse la fera fondre et les pointes d'ail aiguiseront au plus haut point ses sens. Peut éventuellement avoir les mêmes effets sur votre douce si elle n'est pas immunisée, depuis le temps...

Très facile, pas cher, la mienne fond
Préparation : 5 mn
Cuisson : 10 mn

Pour 4 personnes :
4 gros œufs frais
1 belle tranche de bleu d'Auvergne ou de roquefort (250 g)
2 petites gousses d'ail
Crème fraîche épaisse
25 g de beurre

Avec une fourchette, écrasez le bleu, faites-le revenir dans le beurre. Dès que la pâte commence à devenir homogène, incorporez 3 belles cuillères à soupe de crème fraîche épaisse et mélangez pendant 4 minutes.
Émincez l'ail, ne le hachez pas. Mélangez à la pâte en ayant bien pris soin de conserver 4 petites pointes d'ail pour la décoration finale (ça compte !).
Beurrez les ramequins. Versez en fond la pâte au bleu. Cassez un œuf dans chacun des ramequins.
Glissez dans votre four que vous avez fait préchauffer à 150 °C, sur la plaque de la lèchefrite, après y avoir versé 1 à 2 verres d'eau. Laissez cuire juste le temps que le blanc et le jaune soient saisis.

Sortez du four. Mettez 1 cuillère à café de crème fraîche épaisse sur chacun des ramequins ainsi qu'une miette de bleu et une pointe d'ail crue.

N'oubliez pas de vous remettre un peu de gel dans les cheveux, déroulez votre regard de velours et servez immédiatement en roulant les «r».

Œufs cocotte aux champignons

Même décor, mêmes effets que pour la recette précédente. La saison préférée de ma femme, pour cette si douce entrée, est l'automne... évidemment. Si la vôtre est moins conventionnelle, à vot'bon cœur !

Facile, pas cher, rapide
Préparation : 5 mn
Cuisson : 10 mn

Pour 6 personnes :
6 œufs frais (c'est meilleur...)
2 boîtes de champignons de Paris déjà coupés en deux (ou émincés de champignons de Paris surgelés ou encore, et ce n'est pas du luxe, 500 g de champignons de Paris frais ; dans ce cas, enlevez la peau du chapeau, puis coupez les pieds, puis émincez finement)
Crème fraîche épaisse
2 gousses d'ail
Persil frais, estragon (si vous avez...)
Beurre

Vérifiez avant de commencer que vous avez des ramequins pouvant aller au four. Il en existe des spéciaux, appelés ramequins à œufs cocotte...
Une fois vos champignons émincés fins, faites blondir le beurre puis jetez l'ail et le persil hachés menus. Immédiatement après cuisez à découvert et à feu doux les champignons durant 5 minutes, le temps que l'eau soit correctement évaporée et les champignons cuits.
Versez 2 belles cuillères à soupe de crème fraîche et mélangez le tout. Laissez cuire encore 3-4 minutes. Si nécessaire, passez le tout au mixeur pour en faire un joli hachis.
Passez un morceau de beurre sur tous les ramequins, puis disposez le hachis au fond de chacun. Cassez un œuf dans chaque ramequin et mettez au four chaud (150 °C). Attention, en bon élève, vous vous souvenez de la recette précédente : vous n'avez pas oublié de verser préalablement 1 ou 2 verres d'eau sur la plaque de la lèchefrite pour faire cuire le tout au bain-marie.

Au bout de trois minutes, juste le temps que le blanc des œufs et les jaunes soient bien saisis, retirez vos cocottes. Mettez une cuillère à café de crème fraîche épaisse sur chacun des ramequins. Hachez quelques brins d'estragon ou le reste de persil, et servez immédiatement.

Brie et camembert chaud

Mise en garde : voilà une recette à éviter si votre douce a enfin pris la décision de commencer un régime basse calorie, sous peine de pleurs et de cris le soir au fond du lit.

Très facile, un peu cher, très simple
Préparation : 5 mn
Cuisson : 20 mn

Pour 4 personnes :
2 camemberts et deux belles tranches de brie
4 grosses tranches de pain de campagne
1 gousse d'ail
Salade mâche
4 grosses pommes de terre
Crème fraîche épaisse
Beurre
Persil

Grattez et lavez bien les pommes de terre. Couvrez une plaque du four avec du gros sel. Positionnez les pommes de terre couvertes de feuilles d'aluminium. Laissez cuire 20 minutes à 150 °C.
Coupez les camemberts en deux. Faites dorer rapidement vos tranches de pain de campagne dans un grille-pain. Posez vos camemberts et vos bries sur les tranches de pain. Placez-les sous le gril du four pendant 5 minutes. Décorez vos assiettes avec des feuilles de mâche. Faites une ouverture sur le haut de la pomme de terre où vous pourrez glisser à votre guise du beurre et du persil

ou de la crème fraîche épaisse qui fondra. Servez avec vos tranches de pain.

Pour accompagner ce mets robuste, tout dépend de vos invités : avec le trésorier de l'association « Les amis de la cathédrale de Chartres » (vous êtes sûr de l'avoir invité ce soir ?), vous préférerez un côtes-du-luberon, domaine de la Citadelle, vin joliment fruité qui aiguisera vos papilles et permettra à votre invité de ne pas se mettre à chanter (si son regard s'illumine en le goûtant, racontez-lui que le propriétaire de ce vignoble est aussi le producteur du film culte **Emmanuelle et guettez sa réaction)*****; avec Blan-Blan « la joyeuse » et Didi « ballon d'or », vous choisirez sans hésiter un saint-joseph charpenté. Et pourquoi ne pas tenter après cette recette un petit « trou normand » (sorbet de pomme dans son calva).***

« Boquerones en vinagre » (anchois au vinaigre)

Historiquement, il semble que cette recette ait été inventée par un pêcheur. L'honneur de la gente masculine est donc sauf. À la maison, en tout cas, ce sont toutes mes grands-mères résumées en une recette. Voilà donc la seule qui permet de réconcilier Maria Alcaraz et Salvadora Perez. Toutes deux vous serviront ces anchois avec un apéritif anisé sous la tonnelle. C'est le délice des premières heures de l'été, de ces moments où l'on se laisse prendre à vif par une conversation, où l'on a perdu sa montre et où l'on louche sur le décolleté de sa cousine...

Préparation : 5 mn
Marinade : minimum 8 h (à prévoir avant d'aller au travail)

Pour 4 personnes :

400 g d'anchois frais (demandez à votre poissonnier préféré de vous couper les têtes et de vous enlever les arêtes ou achetez des filets d'anchois congelés)
30 cl de vinaigre frais
1 cuillère à soupe d'eau
6 cuillères à soupe d'huile d'olive
5 belles gousses d'ail épluchées et émincées
Persil, poivre et sel

Si personne n'a été clément avec vous, enlevez les têtes et l'arête centrale de l'anchois, lavez-les avec de l'eau froide, et séchez-les dans du papier absorbant.
Trouvez un grand plat en terre et disposez de manière aérée les filets d'anchois, couvrez-les de vinaigre et d'eau. Laissez-les mariner au moins 8 heures.
Égouttez les filets, salez-les très légèrement, poivrez plus généreusement et couvrez-les d'une persillade (ail et persil). Versez de beaux filets d'huile d'olive pour couvrir et conservez dans une boîte en plastique hermétiquement fermée, au frais.

Petites brochettes de gambas flambées

C'est une petite recette pour les beaux jours. Un rayon de soleil pour tous les autres jours de l'année. Une entrée sans façon, qui fera déjà rêver vos amis aux « Cervezerias »

de Barcelone ou aux petits bars du vieux port de Donostia (San Sebastian). Un ballon d'oxygène (sentez les embruns espagnols), pour villes polluées. Vous expliquerez que vous détenez là une recette confiée sous le manteau par un vieux cuisinier basque. Vous évoquerez l'existence, au Pays basque, de véritables sociétés gastronomiques mâles. Une fois par semaine, les hommes d'un quartier, d'un village, d'une confrérie, se retrouvent dans un local loué à l'année. Un homme s'est chargé de faire les courses et la cuisine pour tous ses amis.
Quand on vous disait que la cuisine est une affaire d'hommes... Votre ami Frédo sera convaincu. Il ne restera plus qu'à lui souffler l'adresse d'une bonne librairie pour le faire devenir un militant de la cuisine des maris.

Facile, assez cher, rapide
Préparation : 20 mn
(5 mn si vous ne les décortiquez pas)
Cuisson : 5 mn

Pour 4 personnes :
500 g de belles gambas (les petits malins trouveront des gambas déjà décortiquées)
4 gousses d'ail, 1 bel oignon
Pastis, huile d'olive
Piment de Cayenne, persil
Petits bâtonnets pour piquer les gambas

Décortiquez donc chacune des gambas crues en prenant soin de laisser la queue. Il faut conserver les gambas entières. Si vous le souhaitez, cela dépend de vos goûts et de votre décoration, vous pouvez laisser les têtes.
Chauffez l'huile d'olive à feu doux dans une poêle.
Faites revenir l'ail et l'oignon pendant 3 minutes. Puis,

à feu vif, faites bien dorer les gambas pendant 2 à 3 minutes. Réservez-les.
Piquez les gambas trois par trois sur les bâtonnets. Remettez-les dans la poêle. Au bout d'1 à 2 minutes, dès qu'elles sont bien chaudes, flambez-les. Si vous n'êtes pas sûr de votre flambage, un conseil simple, faites chauffer du pastis dans une petite casserole pendant 3 minutes, retirez du feu, allumez puis versez en conservant les flammes sur les gambas.
Servez immédiatement dans de petites cassolettes en porcelaine ou en grès, décorez de persil. Pour l'organisation de votre temps, préparez tout avant le flambage. Faites revenir et flamber au dernier moment.

Essayez donc avec ces gambas un somptueux tavel du château d'Aqueria... Quand la provence se marie au charme espagnol.

Magrets de canard et poêlée de pommes de terre

Assez rapide, cher
Préparation : 5 mn
Cuisson : 10 mn

Pour 4 personnes :
2 beaux magrets de canard
6 grosses pommes de terre
3 gousses d'ail haché
Persil

Préparez les magrets en enlevant les caillots de sang et les veines trop visibles. Attention, n'enlevez surtout pas le gras du canard. Lézardez de quelques coups de couteau la surface de la viande.
Faites chauffer une poêle anti-adhésive sans rien mettre dedans. Très rapidement placez les deux magrets, côté gras sur la poêle. Et laissez cuire pendant 8 minutes à feu moyen.
Pendant ce temps, pelez les pommes de terre et coupez-les en rondelles. Lorsque les magrets dégagent beaucoup de graisse fondue, versez-la dans une autre poêle. Renouvelez l'opération, si nécessaire. Puis faites revenir les pommes de terre dans cette deuxième poêle, avec le surplus de graisse de canard. Au bout de 7 minutes, quand les rondelles sont bien saisies, jetez l'ail haché. Retournez vos magrets face viande sur la poêle pendant 2 ou 3 minutes. Égouttez vos rondelles de pommes de terre dans une assiette avec du papier absorbant.
Sortez vos magrets sur une planche à découper, prenez votre meilleur couteau de cuisine (celui qu'elle vous a offert pour votre anniversaire de mariage) et découpez en très fines tranches le magret, comme de petites aiguillettes. La viande doit être encore bien rosée ou saignante. Servir immédiatement à l'assiette en saupoudrant les rondelles de persil.

Un plus : vous pouvez aussi servir avec une poêlée de champignons sauvages. N'est-ce pas l'occasion de sortir un beau gigondas rouge, domaine de Montmirail, robuste et fruité à la fois, épicé et riche qui vous accompagnera ce magret en mettant en valeur tout son suc ? Si vous êtes membre de l'amicale des vins du Sud-Ouest (tout le monde peut se tromper), essayez donc cette recette avec un petit bergerac vieilli en fût de chêne.

Fondue de poireaux ou Lit de poireaux

Facile, pas cher
Préparation : 10 mn
Cuisson : 15 mn

Pour 4 personnes :
4 blancs de poireaux (achetez-les empaquetés sous-vide au rayon frais ou, si le cœur vous en dit, prenez 4 grands poireaux dont vous garderez un long blanc après les avoir lavés)
2 jeunes oignons frais
Crème fraîche épaisse
Beurre
Sel, poivre

Coupez vos poireaux en deux. Sur une planche à découper, émincez-les assez fins. Vous obtenez une collection de demi-rondelles de poireaux.
Faites fondre un gros morceau de beurre (au moins 50 à 75 g) dans une casserole à feu moyen.
Jetez les poireaux quand le beurre est tout juste ramolli. Remuez pour bien imprégner vos rondelles. Baissez le feu pour qu'il soit doux. Au bout de 4 à 5 minutes, vos poireaux sont transparents. Continuez à les remuer délicatement avec le beurre (rajoutez-en si nécessaire). Prenez garde tout de même à ne pas les écraser. Ce ne doit pas être une purée.
Ajoutez généreusement de la crème fraîche (au minimum 30 à 40 cl d'un pot de crème épaisse). Remuez et couvrez pendant 5 minutes.

Rajoutez encore un peu de crème fraîche si nécessaire, 2 minutes avant de servir.
Servez soit en fondue épaisse dans de grandes assiettes creuses, soit en lit dans de larges assiettes plates.

Un conseil : n'hésitez pas à faire cuire un peu plus longtemps avec un peu plus de crème fraîche (tout dépend de la qualité de vos poireaux). Cela peut faire un joli accompagnement pour des poissons en papillote ou pour des moules. Dans ces deux derniers cas, vous pouvez rajouter à votre crème fraîche du safran en poudre ou du curry.

Fricassée de Saint-Jacques aux brocolis

Rapide, cher, facile
Préparation : 5 mn
Cuisson : 10 mn

Pour 4 personnes :

8 coquilles Saint-Jacques (demandez à votre poissonnier de vous les nettoyer. Ne gardez qu'une ou deux coquilles, vos enfants adoreront ce petit cadeau spontané. N'oubliez pas les dix francs de pourboire. Merci pour lui. Préférez pour une fois des Saint-Jacques fraîches aux surgelées qui sont plus caoutchouteuses)
2 gros bouquets de brocolis
25 cl de crème fraîche liquide
Huile d'olive

Pastis
1 pincée de curry
50 g de beurre
Sel, poivre

Commencez à faire bouillir de l'eau salée dans une grande casserole. Pendant ce temps, enlevez le pied des brocolis et ne gardez que les petits bouquets. Jetez-les dans l'eau bouillante. Laissez cuire 5 minutes.
Égouttez les brocolis, passez-les à l'eau froide, cela les raffermira. Coupez vraiment en petits bouquets les brocolis, et faites-les revenir dans du beurre.
Ajoutez la moitié de votre pot de crème liquide de 25 cl, une pincée de curry, et mélangez bien.
Faites mousser une belle noisette de beurre (50 g) dans une poêle anti-adhésive. Jetez les Saint-Jacques. Faites-les cuire peu de temps, malheureux ! (1 minute sur chaque face pas plus). Flambez-les maintenant au pastis. Si vous n'êtes pas sûr d'avoir bien appris votre leçon sur ce point, rappelez-vous que, pour réussir à coup sûr votre flambage, il vous faut verser votre pastis dans une petite casserole. Dès qu'il est chaud, retirez du feu, allumez, versez sur les noix de Saint-Jacques. Servir immédiatement avec les brocolis et la sauce.

Accompagnez ce plat d'un beau pélaquié blanc, côtes-du-rhône rive droite, là où le Gard pointe son nez, à Saint-Victor-la-Coste. Son cépage viognier réconciliera amertume et beau tanin fruité. N'oubliez pas en servant, de déclamer, l'air faussement modeste : « Fricassée de Saint-Jacques flambées au pastis et ses brocolis .» Bombez le torse, rentrez le ventre et attendez les compliments.

Gratin de fruits au sabayon

Assez facile, pas cher, rapide
Préparation : 10 mn
Cuisson : 15 mn

Pour 4 personnes :
250 g de fraises
6 beaux abricots
4 clémentines
4 jaunes d'œufs
100 g de sucre en poudre
50 g de beurre
Extrait de vanille liquide
Un dé de vin doux (facultatif)

Lavez les fruits. Équeutez les fraises. Épluchez les clémentines et réservez-les en quartiers. Coupez en quatre les fraises et en cubes les abricots. Dans une poêle, faites blondir 50 g de beurre. Faites tout juste dorer les fruits. Ajoutez au dernier moment une cuillère à soupe de sucre.
Dans une jatte supportant la chaleur, fouettez les quatre jaunes d'œufs en incorporant progressivement 100 g de sucre en poudre. Dès que le mélange est bien mousseux, ajoutez quelques gouttes d'extrait de vanille liquide et mélangez. Puis placez le tout au bain-marie sur feu doux. Rajoutez, si vous le souhaitez, le vin doux. Ne cessez pas de battre pendant 5 minutes.
Beurrez quatre plats à crème brûlée. Versez les fruits en les répartissant harmonieusement, puis le sabayon encore chaud. Placez au four préchauffé à 150 °C.

Laissez au four juste le temps que les plats soient dorés, retirez immédiatement et servez.

Crème catalane

Facile, pas cher, assez rapide
Préparation : 10 mn
Cuisson : 10 mn

Pour 6 personnes :
1/2 l de lait
1/2 l de crème liquide fouettée
6 jaunes d'œufs
200 g de sucre
2 sachets de sucre vanillé
50 g de farine de maïs
1 bâton de cannelle
Zeste d'un demi-citron
Quelques gouttes d'extrait de vanille liquide
Cassonade

Faites chauffer le lait et la crème séparément puis mélangez-les avec la cannelle et le zeste de citron hors du feu. Portez à ébullition et retirez du feu.
Mélangez les jaunes d'œufs et les sucres.
Retirez la cannelle et le zeste de citron, versez peu à peu sur le mélange de jaunes d'œufs et de sucre. Ajoutez progressivement la farine diluée avec du lait.
2 méthodes de cuisson :
La traditionnelle (celle de ma grand-mère) : Faites cuire à feu très doux, en remuant jusqu'à épaississement de la crème sans ébullition. Laissez refroidir avant de servir.

La plus sûre et la plus rapide : Faites cuire pendant 10 minutes les crèmes au four au bain marie à 150 °C. Comme pour la crème brûlée, une fois refroidie, versez la cassonade et caramélisez.

2 – Jolie-maman débarque samedi soir à la maison

Voilà trois semaines que vous remettez ce dîner. Vous savez que, cette fois, vous êtes au pied du mur. Si l'actualité sportive est en pleine trêve, ou que vous n'avez décidément pas réussi à vous procurer des places pour le Stade Vélodrome, vous savez que, cette fois, votre tour est venu. Bien sûr, après tout, c'est sa mère... Vous pourriez la laisser organiser le repas. Elle n'a d'ailleurs pas manqué de vous le proposer. Mais comprenez que si vous réussissez à franchir ce cap, vous aurez alors véritablement gagné votre place au sein de la maison.

Nous sommes tous derrière vous pour ce moment crucial... Prévoyez donc trois heures ou un après-midi entier pour préparer le repas. Jolie-maman sera flattée que vous ayez passé autant de temps derrière les fourneaux pour elle. Et vous pourrez vous enfermer dans la cuisine pendant tout ce temps en mettant la radio à fond et en oubliant quelques heures le mauvais temps. Elle est pas belle la vie ?

Crêpes printanières

Un peu long, peu cher, assez facile
Préparation : 20 mn (2 h de repos pour la pâte à crêpe. Si vous êtes pressé, achetez une pâte à crêpe minute)
Cuisson : 20 mn

Pour 4 personnes :

6 poivrons, 3 rouges et 3 verts (variez les couleurs, vous pouvez en trouver des jaunes aussi. Cela flattera Jolie-maman qui a toujours voulu devenir décoratrice)
125 g de farine
25 cl de lait
2 œufs
Une petite boîte d'olives espagnoles farcies aux poivrons
2 gousses d'ail
Crème fraîche épaisse
Beurre
Huile d'olive
Une pincée de piment de Cayenne et de paprika
Sel, poivre

Commencez par la pâte à crêpes, si vous la laissez reposer. Sinon débutez par les poivrons. Cassez les œufs dans la farine et mélangez doucement avec le lait. Agrémentez d'une cuillerée d'huile d'olive et d'une pincée de sel. Quand tout est homogène, laissez reposer pendant 2 heures.

Une fois les poivrons lavés, coupez-les en deux. Enlevez les pépins et les parois intérieures blanches des poivrons. Puis coupez-les encore en deux avant de faire deux par deux des lanières, comme des petits spaghettis de poivrons.
Faites revenir le poivron dans de l'huile d'olive et du sel. Attention, mettez les poivrons à feu très doux. Ils ne doivent pas frire mais fondre progressivement pendant 10 à 12 minutes. Ajoutez, en fin de cuisson, de la crème fraîche épaisse, du paprika et du piment de Cayenne. Salez, poivrez.
Jetez dans la fondue de poivrons l'ail haché et les olives farcies coupées en deux.
Faites cuire vos 4 crêpes épaisses. Garnissez-les de votre assortiment printanier en lissant bien avec la sauce pleine de crème et de jus de cuisson.

C'est le moment de sortir un jeune corbières du château des Étangs des Colombes de Lézignan, aux arômes de mûres, qui fera fondre les poivrons sous la langue, ou un petit costières de Nîmes, un peu plus franc certes, mais qui aromatisera le tout en vous faisant rêver aux douces heures de votre dernière féria des vendanges (vous avez réservé pour l'année prochaine ?).

Poissons en papillote et riz safrané

Un peu long, cher, assez facile

Pour 6 personnes :
6 filets de sandre
2 tronçons de lotte

1/2 l de moules (c'est essentiellement pour la décoration)
100 g de lardons
200 g de grosses crevettes
200 g d'écrevisses décortiquées
3 poivrons, jus d'1 citron
Crème fraîche
Vin blanc sec, safran
6 poignées de riz
5 échalotes, 3 gousses d'ail
1 gros oignon, huile d'olive
Sel, poivre,
Persil, farine

Faites ouvrir les moules dans un demi-verre de vin blanc bouillant avec 2 échalotes et 1 gousse d'ail haché. Décortiquez les moules. Conservez les échalotes. Réservez.
Après avoir nettoyé les poivrons, les avoir correctement épépinés et les avoir coupés en petites lanières, faites-les fondre dans l'huile 10 minutes, ajoutez une cuillère à soupe de crème fraîche.
Dans une grande sauteuse, faites revenir, dans une huile d'olive chaude, les filets de sandre coupés minces et légèrement farinés. Même chose pour les petits morceaux de lotte que vous aurez coupés. Réservez les poissons quand ils ont bien pris la couleur. Même opération, sans les fariner, pour les grosses crevettes et les écrevisses.
Sur un plat du four, disposez une grande feuille d'aluminium. Placez les filets de sandre roulés en boule et tenus par des petits pics en bois (des cure-dents feront l'affaire). Placez les morceaux de lotte, les grosses cre-

vettes, les écrevisses, les morceaux d'échalotes et d'oignon émincé, les poivrons, trois cuillères de crème fraîche épaisse, les moules. Arrosez d'huile d'olive très légèrement, salez, poivrez. Repliez la feuille d'aluminium et fermez bien.
Placez au four, que vous avez préalablement préchauffé à 200 °C, pendant 30 minutes.
Faites cuire le riz dans de l'eau bouillante salée, avec une goutte d'huile d'olive, et beaucoup de safran en poudre ou quelques pistils.
Servir à l'assiette en présentant, par exemple, le riz sous forme de petits bols renversés. Vous pouvez l'accompagner d'une fondue de poireaux.

Puisque Joli-papa a, lui, terminé son verre et la bouteille, vous pourriez peut-être sortir le grand jeu avec un hermitage blanc 95. Puis assistez au spectacle, il va le goûter en fermant les yeux et lui trouvera un petit goût enivrant de térébenthine. S'il est en forme, il détectera même cet arôme si caractéristique de «pierre à fusil».

Moules au safran

Assez facile, peu cher
Préparation : 20 mn
Cuisson : 20 mn

Pour 4 personnes :
1 l de moules
1 pot entier (500 g) de crème fraîche épaisse
2 jeunes oignons frais (1 oignon moyen)
1/2 verre de vin blanc sec

Safran en poudre (les puristes et les fortunés peuvent s'amuser avec des pistils de safran)
Sel, poivre

Hachez les oignons. Grattez et lavez les moules. Mettez dans une casserole à feu vif le vin blanc, l'oignon. Ajoutez les moules et faites-les ouvrir.
Égouttez-les dans une passoire en fer. Faites bien attention de poser votre passoire sur un grand bol ou une jatte pour récupérer le jus de cuisson.
Passez au filtre ou dans un chinois (si vous en avez un) une bonne moitié du jus de cuisson. Puis versez-le dans une grande casserole ou une sauteuse. Assaisonnez généreusement de safran (ou de curry). Remuez et faites réduire le jus. Sur feu moyen, incorporez la crème. Remuez régulièrement jusqu'à épaississement.
Pendant ce temps, décortiquez les moules. À votre goût, enlevez complètement les coquilles ou gardez celles du pied.
Après épaississement de la crème, incorporez les moules à la sauce. Continuez de chauffer sans bouillir pendant quelques minutes. Salez, poivrez, goûtez. Vous pouvez rajouter un peu d'épices.
Servez accompagné de riz, de poireaux ou en petites rations (en tapas).

Un petit truc en plus : une fois les moules décortiquées, vous pouvez les faire rapidement flamber au pastis. Mélangez avec le safran plus tard, c'est un délice...
Et si vous tentiez un beau chardonnay 95 pour accompagner ce plat. Essayez donc le domaine Busch, un blanc des pays du Vaucluse, vin de terroir aux arômes subtils.

Omelette aux pommes caramélisées

C'est l'hiver. Il fait froid. Votre douce et sa maman ont besoin de chaleur. Voilà une petite recette qui leur fera oublier d'un coup d'un seul toutes leurs promesses de régimes basses calories. Cette omelette, c'est un fourreau de tendresse dans lequel on se love pendant la saison hivernale. C'est un baiser sucré pour les heures froides. Une invitation malhonnête pour un calvados d'après-repas. Goûtez cette recette en claquant du palais, dégustez le nectar de Normandie et vous verrez que, finalement, Jolie-maman peut être d'une compagnie très agréable... Attendez tout de même demain matin pour lui proposer de revenir samedi prochain.

Assez facile, pas cher, un peu long
Préparation : 30 mn
Cuisson : 25 mn

Pour 4 personnes :
6 pommes
6 œufs
250 g de sucre blond en poudre
100 g de beurre
400 g de crème fraîche
Sel
Extrait de vanille liquide

Épluchez les pommes, épépinez-les et coupez-les en quartiers. Faites tout juste blondir la moitié du beurre dans une poêle et faites dorer les pommes sans en faire

de la compote. Saupoudrez avec 200 g de sucre et faites caraméliser à feu doux. Réservez les pommes. Ajoutez la crème au caramel obtenu, mélangez doucement avec quelques gouttes de l'extrait de vanille liquide. Pendant ce temps, cassez les œufs. Séparez les blancs des jaunes, battez les blancs en neige en y ajoutant lentement 50 g de sucre. Mélangez les jaunes avec une pincée de sel et 2 belles cuillerées de crème fraîche ; quand le mélange est onctueux, incorporez les blancs en neige. Dans une poêle, faites revenir l'omelette. Dès que les œufs commencent à être saisis, mélangez les pommes et la sauce au caramel dont vous aurez réservé une bonne moitié. Faites cuire pendant 7 à 8 minutes à feu très doux.
Au moment de servir, nappez d'un peu de sauce au caramel.

Variante : Faites flamber vos pommes avec un bon calva, au moment où vous les avez arrosées de sucre. Ou rajoutez un peu d'alcool à la sauce au caramel.

Clafoutis de mandarines (ou de petits abricots à point)

En été, vous ne savez plus où donner de la tête, vous avez déjà épuisé toutes les recettes de compotes et de confitures que vous avait confiées votre grand-mère. Et vous le savez, Jolie-maman est une gourmande. Il n'y a qu'à regarder l'air coupable que prend votre tendre lorsqu'elle passe devant la pâtisserie du bout de la rue pour le deviner. Il vous faut un dessert léger et fruité. Une caresse sucrée de fin de repas pour terminer ce dîner dont elle vous parlera encore à Noël prochain (vous n'aviez pas prévu de la revoir d'ici là ?). Essayez donc de mélanger quelques abricots sucrés écrasés avec un bon yogourt à la grecque. Sinon, tentez cette petite recette de clafoutis.

Facile, pas cher, assez rapide
Préparation : 20 mn
Cuisson : 40 mn

Pour 6 personnes :
500 g de mandarines
50 g de beurre
150 g de sucre
150 g de farine
3 verres de lait
Extraits de vanille liquide
1 sachet de sucre vanillé

Épluchez les mandarines. Faites-les revenir pendant deux minutes dans du beurre ramolli et deux cuillerées de sucre. Sortez tout de suite les quartiers de mandarine et la petite sauce. Mélangez-les avec la farine, le lait, le reste du sucre, la sauce et les extraits de vanille liquide.
Beurrez un plat à clafoutis, déposez les mandarines dans le plat, puis versez la préparation dessus.
Saupoudrez de sucre vanillé.
Faites cuire dans un four préchauffé à 150 °C pendant 40 minutes. Servez.

Si, après avoir goûté, vous pensez que le tout est un peu trop compact, mélangez avec un peu de jus de fruits. Puis fermez vite votre livre, et expliquez que c'est la

douceur et la joie de partager un tel moment qui vous a donné l'inspiration d'une si fraîche et mignonne petite recette. Effet garanti.

Crème brûlée

Disons-le tout net, c'est souvent l'un des clous d'un bon dîner. On vous connaîtra et reconnaîtra pour cette recette. Si la mère de votre promise est une adepte de la psychologie des petits plats, elle détectera en vous un puits de tendresse insoupçonnée, deviendra votre plus sûre alliée face aux rébellions de votre moitié. Grisée par une affection inédite, elle se décidera sûrement à vous demander si vous avez enfin prévu de la rendre bientôt grand-mère... Vous voilà prévenu des effets secondaires de la crème brûlée... À vous de choisir s'il est opportun ou non de vous lancer dans une telle aventure culinaro-affective !

Une chose est sûre : pour réussir ce dessert, respectez scrupuleusement quelques règles élémentaires. Tout d'abord, faites en sorte que la crème soit bien froide au moment de caraméliser. Ensuite, le tour de main consiste à obtenir, sous la couche de caramel, une crème presque liquide. Mais pour cela, c'est vrai, quelques essais sont généralement nécessaires. En un mot, ne vous découragez pas, recommencez sans cesse cette recette. Elle devrait rapidement devenir le dessert préféré de votre dulcinée...

Un peu long, pas cher, facile
Préparation : 20 mn
Cuisson : 10 mn

Pour 10 plats (prévoyez plus et conservez au frais ensuite pendant plusieurs jours les crèmes restantes sans les caraméliser).

3/4 de l de crème fraîche liquide
1/4 de l de lait
10 jaunes d'œufs
100 g de sucre
2 sachets de sucre vanillé
Quelques gouttes d'extrait de vanille liquide
Cassonade
Attention : Munissez-vous soit d'un fer à caraméliser, soit d'un chalumeau, moins bien avec la grille du four

Faites chauffer séparément le lait et la crème légèrement battue. Puis mélangez-les doucement avec une spatule en bois. Ajoutez les gouttes d'extrait de vanille liquide. Goûtez, rajoutez éventuellement.
Après avoir séparé les blancs des jaunes, mélangez les jaunes avec les sucres. Battez légèrement la pâte avec un fouet.
Faites chauffer le four à 130-150 °C en ayant versé de l'eau sur la grande plaque creuse en fer de votre four.
Versez le liquide sur la pâte homogène. Touillez bien.
Puis versez dans des petits plats à bords relevés.
Lorsque le four est à température, faites chauffer les ramequins au bain-marie pendant 10 à 15 minutes, le temps que les crèmes soient bien prises.
Bien les laisser refroidir dans votre frigo ou à l'extérieur.
Au moment de servir, assurez-vous que les crèmes présentent un aspect solidifié. Puis versez du sucre cassonade sur les crèmes de façon régulière, pour bien couvrir le pot. Puis, avec le fer bien rouge ou avec le chalumeau, caramélisez les crèmes.

Servez immédiatement et regardez autour de vous ces mines pleines de reconnaissance qui vous disent « encore une fois, merci ». C'est pas beau, autant de tendresse en famille ?

3 – DÎNERS DE LA SEMAINE EN FAMILLE

Après ces quelques recettes « d'épate », il convient de revenir aux bonnes vieilles valeurs fondamentales. Il y a déjà quelques années de cela, vous vous êtes lancé, éperdu, dans l'aventure familiale. Et avec quel enthousiasme ! Maintenant, il faut gérer. Surtout qu'à vos côtés, on attend des actes.

Certes, après bien des difficultés, on vous a laissé transformer la cuisine en champ de bataille à chaque fois que vous receviez. Mais écoutez-la, lorsqu'elle lance, après les louanges de vos plus proches amis ou de sa mère, cette banderille perfide, à peine murmurée, qui vous fend le cœur : « Ah ! quel dommage qu'il n'utilise pas ses talents de cordon-bleu pour sa propre famille et nous contraigne à manger des raviolis trois fois par semaine... »

Alors, voilà des tuyaux pour réussir à nourrir cette famille ingrate qui ne cesse de s'agrandir.

Chou patates

C'est vrai, le nom n'est pas particulièrement alléchant. Mais vous allez nous faire là pour plusieurs jours une belle marmite qui « tient au corps ». Et de cela, toute la famille vous sera reconnaissante...

Simple, assez rapide, pas cher
Préparation : 10 mn
Cuisson : 15 mn (À réchauffer autant qu'on veut. De toute façon, c'est meilleur.)

Pour 4 personnes :
1 gros chou vert
2 gros oignons
6 grosses pommes de terre
6 saucisses (chipolatas)
1 gousse d'ail
Huile d'olive
Sel, poivre

Enlevez quelques feuilles touchées de votre chou. Lavez-le bien, égouttez-le, découpez-le en plusieurs quartiers. Placez-le dans le panier d'une Cocotte-Minute avec 1/2 litre d'eau salée où nage un croûton de pain rassis. Les anciens disent que ça permet d'éviter que l'odeur du chou ne se répande dans toute la maison. Laissez cuire 5 minutes à partir du moment où la soupape chuchote.

Videz la cocotte. Lavez rapidement. Dans cette marmite, versez de l'huile d'olive, de l'ail haché et de l'oignon, à feu moyen. Puis faites dorer les saucisses. Réservez.
Pendant ce temps, épluchez les pommes de terre et coupez-les en quartiers. Jetez-les dans une grande casserole d'eau en ébullition. Il faut que les pommes de terre soient tendres. Pour le vérifier, piquez-les avec une fourchette. Lorsqu'elle s'enfonce sans mal, retirez du feu. Attention, ne prolongez pas trop, vous pourriez avoir de la purée.
Jetez vos quartiers de chou, de pommes de terre avec oignon, ail et saucisses dans la cocotte. Portez à feu doux, et laissez mijoter avec un demi-verre d'eau, pendant 10 minutes. Salez, poivrez.
Servez. Vous pouvez réchauffer ce plat à l'envi.

Tortilla

Votre douce ne les a habitués qu'aux omelettes « vite faites sur le gaz », sans saveur. Les jours de fête, elle rajoutait quelques brins de fromage râpé. Vous allez réussir le tour de force de transformer un plat banal en une recette enthousiasmante. Une invitation à relancer le débat sur les vacances du prochain été : Noirmoutier ou Cartagena ? C'est le moment de rappeler à vos petites têtes blondes leur lointaine ascendance méditerranéenne. Mais si, cherchez bien...

Pas cher, simple
Préparation : 15 mn
Cuisson : 40 mn

Pour 6 personnes :

8 œufs
3 ou 4 grosses pommes de terre
1 très gros oignon (ou 3 moyens)
Huile d'olive
Sel, poivre
Une touche de curry et de piment de Cayenne

Coupez les pommes de terre en minces lamelles.
Faites-les frire à l'huile d'olive avec une pincée de sel. Il faut qu'elles soient tendres et que quelques-unes seulement soient dorées à point. (Pour savoir si les pommes de terre sont cuites : goûtez-les ou piquez-les à l'aide d'une fourchette, il faut qu'elle puisse s'enfoncer mollement.) Puis réservez-les dans une grande assiette creuse ornée d'un papier absorbant.
Faites revenir l'oignon à feu doux jusqu'à ce qu'il soit transparent et doux.
Dans le même temps, battez les œufs dans un grand bol, puis ajoutez sel, poivre, une pincée de curry et de piment de Cayenne. Bien mélanger.
Remettez les pommes de terre dans la poêle, puis versez rapidement les œufs, en prenant garde que le feu soit toujours doux. Étalez bien le liquide de façon à couvrir les pommes de terre. Laissez cuire 5 minutes au maximum en décollant régulièrement la tortilla.
Lorsqu'elle est bien baveuse sur le dessus (que le liquide devient onctueux), prenez une grande assiette ou un grand couvercle de poêle. L'opération qui suit est assez délicate, mais vous prendrez vite le coup de main.
Posez votre couvercle sur la poêle hors du feu puis, après quelques petits mouvements de va-et-vient pour bien décoller la tortilla, renversez-la d'un coup sec sur

le couvercle. Vous devez avoir une tortilla entière devant vous, sinon vous êtes bon pour recommencer à éplucher des patates ! Ensuite, versez à nouveau et délicatement votre tortilla dans la poêle. Les Espagnols ne la dégustent jamais baveuse. Ils la remettent donc à cuire 5 à 6 bonnes minutes. Si tel n'est pas votre goût, laissez 30 secondes à 1 minute sur le feu et servez rapidement.

Un conseil : Si vous voulez réaliser une tortilla comme dans les plus beaux bars à tapas, choisissez une poêle plus petite et faites de très nombreux étages de lamelles de pommes de terre. Vous pourrez alors faire des parts plus petites mais hautes. Si pour vos oisillons seule la largeur compte (ça, c'est depuis qu'ils vont à la cantine le midi), prenez une grande poêle et traitez-les d'incultes.

Les p'tits plus : Vous pouvez rajouter à cette recette de tortilla toutes les variantes possibles : tortilla au chorizo (soit vous prenez du chorizo à frire, soit vous coupez en grosses rondelles le chorizo que vous faites revenir pendant 2 minutes dans de l'ail, puis que vous incorporez aux pommes de terre), aux **guisantes,** ***«petits pois» en espagnol (rajoutez une boîte individuelle de petits pois de 100 g. Après les avoir égouttés et faits revenir pendant 2 minutes dans du beurre, incorporez-les aux pommes de terre en les répartissant).***

Œufs brouillés à la tomate (y jamon facultatif)

C'est le plat fétiche des vacances d'été à Carpentras. Le plat essentiel des fins de journées, quand on était minots. On prépare des petits bouts de pain avec lesquels on va tremper, prendre avec les doigts (c'est tellement bon) et s'en mettre partout. Mamie les coupait à l'avance en souriant de nos joues empourprées. Papi Manuel les dégustait accompagnés de grandes lampées de ballons de rouge. C'est l'art d'accommoder pas grand-chose et d'en faire le plat préféré de vos lardons. C'est un souvenir qui vous tenaille et sent bon les soirées d'été. Idéal pour les retours de vacances ou pour les dimanches soir, quand le frigo est encore vide.

Très facile, pas cher, rapide
Préparation : 5 mn
Cuisson : 10 mn

Pour 4 personnes :

500 g de tomates pelées en cubes (il existe de très bonnes boîtes aussi, à moins que votre grand-père Juanico ne vous en ait réservé un bocal)
4 gros œufs frais
3 belles tranches de jambon de pays (éventuellement)
2 gousses d'ail haché menu
1 gros oignon émincé
Crème fraîche épaisse
Huile d'olive
Piment de Cayenne

Curry
Sel, poivre

Dans une grande poêle, faites revenir l'huile d'olive. Dès qu'elle est frémissante, ajoutez l'ail et l'oignon, le sel, le poivre. Laissez roussir à feu moyen.
Jetez les cubes de tomates, écrasez-les un peu. La cuisson doit se faire à feu doux pendant 7 minutes. Mélangez avec une cuillerée de crème fraîche épaisse et du piment de Cayenne.
Battez rapidement les 4 œufs en ajoutant une autre cuillère de crème fraîche épaisse et du curry. Faites une place dans la poêle en mettant d'un côté, la tomate et, de l'autre, les œufs. Dès qu'ils commencent à être saisis, grattez-les avec une spatule en bois et mélangez-les avec la tomate progressivement. Le feu doit être doux. Lorsque les deux composants sont bien mélangés, vous pouvez servir.

Si vous avez acheté, sur de bons conseils, du jambon de pays, faites-le revenir au tout dernier moment pendant deux minutes, après l'avoir coupé en larges morceaux. Dans ce cas, ne forcez pas sur le sel.

Poulet mariné

C'est la recette idéale du père pressé qui n'a plus grand-chose dans son réfrigérateur. Après une journée harassante où vous n'avez cessé de vous occuper du bien-être de vos collègues de travail, voilà une petite recette qui vous dégourdira les spatules et la poêle à frire. Rien de mieux, pour vous évader et vous détendre, que de malaxer les cubes de poulet dans une petite marinade rafraîchissante. En option, après le repas, proposez un massage du dos à votre Chère-et-tendre à-la-peau-si-douce...

Facile, assez rapide, pas cher
Préparation : 5 mn
Marinade (c'est mieux avec) : 1 h
Cuisson : 5 mn

Pour 6 personnes :

6 blancs de poulet (les enfants préfèrent des escalopes de dinde)
35 cl d'huile d'olive
2 gousses d'ail
Persil
Origan
Estragon
Piment de Cayenne
Curry
Poivre, sel
Crème fraîche épaisse

Trouvez une grande jatte en terre, à défaut une belle assiette creuse ou un saladier.
Versez l'huile d'olive. Mélangez les différentes épices et les herbes. N'hésitez pas à mettre les mains et les doigts dans l'huile, il faut bien malaxer la viande avec l'huile et les différents ingrédients. Veillez à bien recouvrir la viande d'huile. N'oubliez pas de saler et de poivrer généreusement.
L'idéal est de laisser reposer au moins 1 heure. Sinon tant pis, faites cuire tout de même au dernier moment. Faites chauffer une poêle anti-adhésive sans huile, ver-

sez l'ail haché et la viande imbibée d'huile et d'épices. Laissez cuire le temps de colorer, retournez, c'est prêt.

Servez avec du riz safrané (Cf. p. 32) ou des pommes de terre sautées au persil. À moins que vous n'ayez décidé de leur faire ce soir un petit accompagnement de légumes verts et frais. Quelques vrais petits pois, des haricots verts larges, deux-trois bouquets de brocolis. Après les avoir ébouillantés, vous les passerez sous un robinet d'eau froide, juste le temps de les rendre tièdes et vous les relèverez avec un filet d'huile d'olive et un soupçon de vinaigre de Xérès. Un jus de citron posé sur la table pour les puristes.
Vous pouvez servir tout cela avec un vin moelleux, un clos Bagatelle, surprenant saint-chinian rouge. Prenez un air savant pour expliquer que c'est votre découverte de l'année.

Bonne vieille ratatouille

Facile, pas cher, la plus rapide des recettes de ratatouille
Préparation : 15 mn
Cuisson : 40 mn

Pour 4 personnes :
1 belle aubergine
3 courgettes
2 poivrons
1 gros oignon
400 g de pulpe de tomates en cubes
2 gousses d'ail

Huile d'olive
Piment de Cayenne
Sel, poivre

Épluchez et coupez en morceaux tous les légumes, les poivrons en lamelles.
Dans une grande cocotte, faites chauffer un fond d'huile d'olive, ajoutez l'oignon émincé et laissez tout juste blanchir (3 à 4 minutes).
Ajoutez les poivrons, l'aubergine et laissez cuire pendant 15 minutes à feu doux. Arrosez de nouveau d'huile d'olive. N'oubliez pas de poser le couvercle sur la cocotte.
Versez les courgettes et l'ail, puis laissez cuire, en couvrant à nouveau, pendant 10 minutes.
Ajoutez les tomates. Salez, poivrez et relevez avec deux bonnes pincées de piment de Cayenne. Ôtez le couvercle. Laissez cuire au moins 15 minutes.

Votre grand-père vous l'a déjà dit cent fois, la ratatouille est meilleure réchauffée. Un petit plus pour l'organisation du temps : n'épluchez pas tous les légumes en même temps, faites-le au fur et à mesure quand les autres sont en train de cuire. Servez avec de belles tranches de jambon cru.

Filets de bœuf ou de cheval sauce roquefort aux pointes d'ail

Rendons-lui grâce quand il le faut. Cette recette, c'est celle de Joli-papa Dédé (Didoune pour les intimes). Il vous la réalise de main de maître, tout en assenant ses arguments massues sur le dernier conflit en ex-Yougoslavie. Ne prononcez surtout pas le mot « humanitaire » si vous aimez votre viande saignante, il se laisserait prendre au jeu et ne lâcherait pas avant d'avoir corrigé votre vision « petite-bourgeoise » de l'actualité internationale. Pour en revenir au plat, il vous conseille de demander au boucher chevalin un bon persillé tendre, en un mot : un rôti, certes, mais goûteux. Un plat idéal pour relancer les discussions passionnées...

Très facile, pas cher, rapide
Préparation : 5 mn
Cuisson : 5 mn

Pour 6 personnes :
1 rôti pour 6 personnes de bœuf ou de cheval
500 g de roquefort ou de bleu d'Auvergne
2 gousses d'ail
Crème fraîche épaisse
50 g de beurre
Sel, poivre

Faites griller le rôti à la poêle pendant 5 bonnes minutes en le tournant régulièrement.
Pendant ce temps, émiettez le roquefort et écrasez-le avec une fourchette. Faites mousser une bonne dose de beurre (50 g), jetez l'ail émincé. Faites-le blanchir pendant 2 minutes, puis ajoutez le roquefort en remuant souvent.
Rajoutez cinq grosses cuillères à soupe de crème fraîche, mélangez. Laissez cuire encore 2 minutes.
Pour servir, lorsque votre viande a bien pris couleur, découpez en tournedos votre rôti. Il devrait être sai-

gnant. Si vous le préférez « à point », n'hésitez pas à le remettre dans la poêle quelques minutes. Si vous n'avez pas assez de sauce, rallongez avec de la crème fraîche.

Avec ce plat, choisissez un vin rouge au corps prononcé. Votre Joli-papa préfère un bordeaux, comme il se doit, voire un bergerac vieilli en fût de chêne. C'est l'occasion ou jamais de vous venger de son dogmatisme politique en lui proposant un châteauneuf-du-pape, château Montredon 1990, au bouquet affirmé. Il roulera dans votre palais, charriant les roches granitiques de la cité des papes, s'étirera en vous proposant son cuir étendu et vous caressera le nez avec son tanin sûr. Vous n'aurez plus alors qu'à proposer à Joli-papa de s'inscrire avec vous pour un petit week-end « découverte des côtes-du-rhône » à l'université des vins de Suze-la-Rousse. Si vous êtes seul avec vos enfants et votre femme, ce soir, choisissez plutôt, en restant dans la région, un vin au prix plus léger qui vous enrobera tout de même la bouche d'un écrin de soie et de velours: un côteaux d'Aix, château Romanin, vignoble situé dans les baux de provence, aux pieds des Alpilles. Si votre douce est en pleine quête spirituelle, vous allez faire mouche avec cette bouteille. Expliquez-lui que ce vin est sorti d'une cave ornée des signes du zodiaque, et que son propriétaire met un point d'honneur à réconcilier bio et spiritualité pour produire son vin.

Carottes et brocolis glacés à la crème

C'est la recette des jours froids. Lorsque le monde entier s'est ligué contre vous. Que les collègues ont affiché toute la journée des mines inquiétantes et que même les passants, dans la rue, avaient un air méchant. C'est l'antidote au stress. Vous allez préparer là une petite douceur pleine de tendresse. Comme un gros câlin que vous ferez à tous ceux que vous aimez. Si après cela, vous entendez une dispute entre vos enfants ou si vous comprenez qu'elle veut absolument parler des problèmes de la chaudière, fuyez ! Plongez-vous au plus vite sous la couette avec un bon polar. Demain, il fera jour...

Rapide, très simple, pas cher
Préparation : 10 mn
Cuisson : 20 mn

Pour 4 personnes
1 kg de carottes
1 gros bouquet de brocolis
1 gros oignon
2 gousses d'ail
300 g de lardons
50 g de beurre
Farine
Crème fraîche épaisse
Thym, laurier
Sel, poivre

Lavez les carottes et coupez-les en petites rondelles ou en cubes. Lavez les brocolis, coupez-les en petits bouquets.
Émincez l'oignon. Faites-le blanchir dans du beurre (50 g) à feu moyen. Puis ajoutez les lardons pendant 3 minutes.
Rajoutez l'ail en baissant le feu, 1 bonne cuillère à café de farine, puis les carottes, le brocolis, le sel, le poivre, le thym, le laurier. Mélangez dans un auto-cuiseur avec

un verre d'eau. Verrouillez et laissez mijoter pendant 20 minutes.
Ouvrez après avoir laissé reposer quelques minutes et rajoutez 2 grosses cuillères à soupe de crème fraîche épaisse (à votre guise, vous pouvez un peu forcer la dose). Réchauffez éventuellement. Mélangez bien. Servez.

Velouté de potiron

Ah ! la grâce d'un velouté pour accompagner la magie d'un potiron ! Souvenez-vous, c'était il n'y a pas si longtemps. Vous étiez à la campagne et votre père vous expliquait d'un ton docte que la grosse forme orangée, là, s'appelait un potiron. Et vous écarquilliez les yeux en découvrant un légume aussi ferme et bien en chair. En y réfléchissant bien, en grandissant, au détour d'un rêve d'adolescence, vous avez même peut-être éprouvé quelque émotion trouble en découvrant un champ de potirons. C'est en vous remémorant ces heures et ces émois que vous allez préparer un dîner simple qui caressera les papilles et l'imagination de vos chérubins.

Facile, pas cher, assez rapide
Préparation : 10 mn
Cuisson : 30 mn

Pour 4 personnes :
1 kg de potiron
4 belles pommes de terre (6 moyennes)
50 cl de crème fraîche liquide
50 g de beurre
Sel, poivre

Épluchez les pommes de terre et les potirons. Coupez-les en cubes et jetez-les dans l'eau bouillante, laissez cuire 20 minutes à feu moyen.
Égouttez les légumes, écrasez-les en purée ou passez un coup de mixeur.
Faites blondir les 50 g de beurre dans une grande casserole, ajoutez la purée et incorporez en mélangeant régulièrement la crème fraîche. Salez, poivrez. Lissez bien le velouté.
Servez dans des assiettes creuses ou dans des bols.
N'hésitez pas à rectifier l'assaisonnement et à rajouter un peu de crème fraîche.

Si vous avez une Cocotte-Minute, laissez cuire les légumes coupés en cubes, dix minutes à partir du moment où la soupape chuchote.

Charlotte aux pêches

Samedi après-midi. Il pleut. Elle est partie faire du shopping avec sa copine Anne « parce que, vraiment, elle n'a plus rien à se mettre », et vous devez garder les enfants. Non ! n'allez pas inspecter son placard. Vous y verriez, malheureux, ces dizaines de robes et de petits hauts qu'elle ne met jamais. Ne vous laissez pas enfermer dans la énième version de *La Belle au bois dormant* à raconter aux petits. Non, souriez... vous allez leur proposer une belle activité dont ils seront fiers.

Très facile, pas cher, rapide
Préparation : 15 mn

Mettre au frais pendant au moins 4 heures ou une nuit si vous arrivez à les faire patienter jusque-là.

Pour 4 personnes :

2 boîtes de 30 biscuits à la cuillère
1 grosse boîte de pêches au sirop (si vous préférez le faire avec des fruits frais, 500 g de fruits, arrosez de sucre et faites un sirop avec du jus de fruits allongé d'un peu d'eau)
25 cl de crème fraîche liquide
250 g de fromage blanc battu
1 sachet de sucre vanillé
Vérifiez que vous avez bien un moule à charlotte, façon tupperware

Demandez au petit dernier de mélanger, dans une jatte, la crème fraîche, le sucre vanillé et le fromage blanc. Il peut s'échiner jusqu'à ce que le mélange soit particulièrement onctueux.
Versez le sirop des fruits dans une assiette creuse.
Demandez à la grande de tremper un par un les gâteaux à la cuillère dans ce sirop. Qu'ils en soient bien imprégnés. Qu'elle tapisse le fond et les côtés du moule de ces gâteaux.
Mettez une première couche du mélange onctueux réalisé par le pitchoun. Puis une couche de fruits, une couche de biscuits imbibés. Faites ainsi jusqu'à remplir le moule, sachant que c'est à votre aînée de terminer le tout par une couche de biscuits. (Si vous n'avez pas assez de sirop pour imbiber les gâteaux, vous pouvez rallonger avec un peu d'eau et de jus de fruits mélangés.)
Fermez le couvercle. Laissez refroidir au moins 2 heures au réfrigérateur. Démoulez en renversant le moule sur

un plat en enlevant d'abord le grand fond le plus large puis le petit couvercle du dessus.

Servez et faites remarquer gentiment à votre moitié qu'elle pourrait au moins féliciter les enfants avant de se pourlécher les babines.

4 – IL EST ONZE HEURES, DIMANCHE MATIN, ET SON VENTRE GRONDE DANGEREUSEMENT

Dimanche matin, vous vous réveillez et elle n'a rien laissé dans le frigo. Elle est encore en train de dormir, son ventre gronde et vos enfants regardent la douzième cassette vidéo de la matinée. Ils vous lancent des regards en coin à la mode éthiopienne. Enfilez rapidement votre vieux survêtement, sans faire de bruit, car elle pourrait grogner, et filez au marché. Direction le laitier, le boulanger pour la baguette et les croissants (c'est vraiment si elle l'a mérité) et le poissonnier qui n'en reviendra pas de vous voir à cette heure lui demander ces beaux foies de lotte. Vous n'aviez qu'à pas lui demander pourquoi il ne vendait pas de poissons carrés, la dernière fois.

Foie de lotte à l'ail

Peu cher, très rapide, ultrasimple
Préparation : 5 mn
Cuisson : 5 mn

Pour 4 personnes :
2 beaux foies de lotte
2 gousses d'ail
Huile d'olive
Persil
Sel, poivre

Émincez vos gousses d'ail.
Coupez en plusieurs morceaux vos foies.
Dans quelques gouttes d'huile chaude, jetez les morceaux de foie accompagnés d'ail et de persil. Faites cuire 5 minutes et retirez.
Servez en rajoutant quelques feuilles de persil haché.

Riz frich'ti

Très facile, pas cher, rapide
Préparation : 5 mn
Cuisson : 10 mn (utilisez du riz en sachet rapide à cuire)

Pour 4 personnes :

4 œufs
250 g de petits pois et de jeunes pousses de carotte
2 tranches de jambon cuit
50 g de beurre
Curry
Sel, poivre

Préparez une grande casserole pour le riz. N'oubliez pas le sel, et une goutte d'huile. Dès que l'eau est à ébullition, versez le riz. S'il n'est pas en sachet, comptez une grosse poignée par personne.
Découpez le jambon en petites lamelles. Égouttez les petits pois-carottes.
Versez dans une poêle anti-adhésive un bon bout de beurre (50 g). Commencez à faire revenir les petits pois et les jeunes pousses de carotte.
Dès que le riz est prêt, égouttez-le et placez-le dans la poêle.
Battez les 4 œufs avec une bonne pincée de curry.
Jetez-les dans le riz avec les petits pois et les carottes mélangés.
Dès qu'un œuf commence à blanchir, décollez-le avec une spatule en bois, et mélangez sans cesse avec le reste.
Mettez les lamelles de jambon 2 minutes avant d'éteindre le feu.
Tout doit être bien mélangé. C'est prêt.

Puisque vous en êtes au brunch, servez avec un bon jus de fruits vitaminé.

Œufs brouillés aux pointes d'asperges

Très simple, rapide, pas cher
Préparation : 5 mn
Cuisson : 5 mn

Pour 4 personnes :
4 gros œufs frais
2 bocaux d'asperges vertes
50 g de beurre
Crème fraîche
Persil
Curry

Égouttez les asperges. Coupez-les à mi-longueur. Commencez à faire revenir avec du beurre (50 g) à feu très doux.
Cassez les œufs, mélangez-les dans une jatte ou dans un grand bol, battez-les rapidement avec un demi-verre de crème fraîche agrémentée d'une pincée de curry.
Versez dans la poêle avec les asperges. Dès que l'œuf commence à être saisi, grattez avec une spatule en bois et mélangez bien.
Lorsque les œufs sont suffisamment brouillés, servez dans des petits plats à crème brûlée ou dans des ramequins, répartissez équitablement les œufs et les asperges. N'oubliez pas de hacher un peu de persil frais sur les œufs brouillés.

Si votre douce déteste les asperges, ou si vous tenez absolument à lui rappeler votre dernier brunch, dans cet hôtel que vous aviez dégoté pour votre lune de miel,

enlevez les asperges de cette recette, cuisinez le reste en suivant les indications, forcez un peu plus tout de même sur le sel et le poivre, et allez-y mollo sur le curry.

Variante espagnole de l'œuf à cheval

Mon *abuelo* m'a appris à les faire en me récitant ses exploits pendant la guerre d'Espagne ou bien la dure condition des ouvriers exploités de la péninsule. Vous pouvez vous autoriser aujourd'hui un discours plus léger, vos œufs sauront tout aussi bien caler les ventres de vos pauvres chérubins pendant plusieurs heures et, qui sait, vous éviter peut-être le fast-food du dimanche.

Très simple, pas cher, rapide
Préparation : 5 mn
Cuisson : 10 mn

Pour 4 personnes :
4 belles tranches de jambon cru
4 œufs
Beurre
Sucre
Vinaigre
Piment de Cayenne
Sel, poivre

Faites revenir 1 minute les tranches de jambon cru dans du beurre ramolli. N'hésitez pas à régulièrement tourner et retourner les tranches de jambon.
Dans un plat beurré allant au four, positionnez les tranches de jambon cru, ajoutez une cuillère à soupe de sucre et une de vinaigre sur les tranches. Puis cassez un

œuf par tranche de jambon. Ajoutez du piment de Cayenne, très peu de sel et du poivre.
Placez au four à 150 °C pendant 4 minutes. Il faut laisser les tranches jusqu'à ce que les œufs aient bien blanchi. Servez aussitôt.

Si vous voulez amuser vos enfants vous pouvez, en accompagnement, faire cuire des épis de maïs au beurre (si vous avez un barbecue extérieur, n'hésitez pas à les faire dorer directement sur le feu ou sur la grille en les tenant avec un bâton). Vous resterez dans l'ambiance et ils se croiront en plein western.

Salade d'oranges et de menthe

Si elle vient d'arrêter de fumer, qu'elle s'est engagée à payer à crédit un abonnement dans une salle de sport dont elle ne connaît même plus l'adresse, et ne jure plus que par le bio-vitaminé, voici la recette qui la fera se lever de bonne humeur en ayant l'impression d'avoir déjà perdu quelques précieuses calories.

Facile, pas cher, à préparer à l'avance
Préparation : 5 mn, plus 1 h au frais
Cuisson : 25 mn

Pour 4 personnes :
4 belles oranges
200 g de sucre
10 belles feuilles de menthe lavées
1 sachet de sucre vanillé
1 verre de porto ou d'un alcool doux

Après avoir bien lavé les oranges, pelez-les en conservant quelques fines lamelles d'écorce. Coupez les oranges en quartiers. Versez le jus éventuellement obtenu dans l'eau. Jetez les lamelles d'écorce dans 1/4 de litre d'eau bouillante où vous avez mélangé le sucre et le sucre vanillé depuis 5 minutes.
Après les avoir confites 5 minutes, réservez-les. Ajoutez l'alcool doux au mélange bouillant.
Jetez les oranges. Laissez bouillir une quinzaine de minutes en remuant de temps en temps. Puis égouttez-les, ne jetez pas le sirop de cuisson.
Laissez refroidir un peu les oranges et le sirop. Les positionner dans des plats à gratin de fruits. Ajoutez le sirop et 6 belles feuilles de menthe coupées finement. Mettez une feuille de menthe pour décorer. Laissez refroidir au frigo pendant 1 heure.

Essayez sur le même modèle la salade de kiwis au citron. Il paraît que ça évite la grippe. Après toutes ces vitamines, il serait bien malpoli, voire maladroit, de votre part de ne pas accepter de goûter une nouvelle fois aux charmes et à la tendresse d'une couette le dimanche matin.

5 – LE MATCH DE FOOT, IDÉES DE TAPAS

Elle vient enfin d'accepter de quitter le domicile conjugal, après avoir tourné pendant une heure pour savoir si ce soir elle mettait sa jupe rouge « qui est si mignonne mais qui la boudine juste là », ou son sky noir « qui fait quand même un peu trop, non ? ». Pas trop tôt. Le match États-Unis / Iran que vous vous êtes promis de regarder en compagnie d'anciens compagnons de lutte gauchistes va commencer dans une demi-heure. Il faut parer au plus pressé et prévoir suffisamment de munitions pour soutenir le suspense des quatre-vingt-dix minutes (sans compter la pause et les coupures publicitaires). Voici quelques idées expresses pour mettre vos amis en bouche. Bien évidemment, vous avez déjà prévu ce qu'il faut pour apaiser une soif que les fautes d'arbitrage (mais non, vous n'êtes pas de mauvaise foi !) et les rugissements qui s'ensuivent rendront de plus en plus vive.

Pain à la tomate y jamon (pan amb tomat)

Rien de plus simple. Pourtant, vous allez réussir une bonne soirée de tapas, grâce à cette petite recette. Et chacun de s'extasier sur la dernière fois où il en avait mangé d'aussi bons dans un petit bar sordide mais si typique du Bario Chino de la ville des prodiges... Entraînez-vous, pendant la préparation, à prononcer correctement, à la catalane, le nom de cette petite tapa des familles. En espérant que vous ne regardez pas ce soir OM-Barça...

Très rapide, très simple, pas cher
Préparation : 5 mn

Pour 4 personnes :

4 belles tranches de pain de campagne (il est préférable d'utiliser du pain tranché la veille, sinon vous pouvez faire griller une minute du pain frais. Il ne faut pas que le pain soit vraiment grillé, tout juste durci)
4 belles tomates mûres
2 gousses d'ail
Huile d'olive
Sel
Jamon serrano (éventuellement)

Coupez en deux vos tomates bien mûres. Prenez une moitié dans la main et frottez fermement sur les

tranches de pain. Il faut que l'ensemble de la pulpe se répartisse.
Divisez en deux les gousses d'ail et frottez contre les tranches de pain. Salez correctement.
Arrosez d'huile d'olive plutôt généreusement. Si vous le souhaitez, vous pouvez placer une belle tranche de jamon serrano sur le pain à la tomate.
Vous pouvez, si vous ne placez pas de jambon cru, couper en deux les tranches de pain.

Variante : Pour vous tenir au fait des évolutions de la mode culinaire catalane, sachez que les bars les plus branchés de Barcelone servent maintenant le pain à la tomate sur des petites baguettes ficelles. Si vous voulez vous mettre au parfum, vous n'avez donc plus besoin de trancher la veille le pain de campagne, mais de couper d'abord les ficelles en deux dans la longueur. Puis de frotter avec les tomates et l'ail comme indiqué ci-dessus. Coupez ensuite en biseau de petites tranches de pain. Avant d'arroser généreusement d'huile d'olive. Un peu de sel, des petits bouts de votre jamon serrano et le tour est joué.

Tapa d'estouffade de fèves

Rapide, pas cher, simple
Préparation : 5 mn
Cuisson : 10 mn

Pour 5 personnes :
500 g de fèves (si vous les préférez fraîches, écossez-les, plongez-les dans une casserole d'eau bouillante salée pendant 3 minutes. Sachez tout de même qu'il

en existe en surgelé ou, mieux parce que plus rapide, en boîte où les fèves sont souvent déjà aromatisées. Dans ce cas, passez directement, après les avoir fait réchauffer dans une casserole, à la préparation des lardons que vous incorporez. Je vous assure que personne ne vous en voudra)
Lardons
250 g de pulpe de tomates en cubes
1 gros oignon, 3 gousses d'ail
1 cube de bouillon de viande
Thym, laurier, romarin, cumin
1/2 cuillerée de sucre, persil, sel, poivre

Faites bien dorer les lardons dans une grande poêle ou une cocotte. Réservez. Faites revenir l'oignon émincé, l'ail haché et les épices. Dès que l'oignon commence à roussir, jetez la tomate. Écrasez-la un peu, mélangez bien, après 2 à 3 minutes, rajoutez les fèves. Couvrez la cocotte.
Cinq minutes après, rajoutez les lardons. Salez, poivrez, demi-cuillère à café de sucre, du cumin (ayez la main généreuse), de l'eau jusqu'à ce qu'elle recouvre les fèves. N'oubliez pas le cube de bouillon.
Fermez la cocotte et laissez cuire à feu doux pendant 10 minutes. Servez dans des petits plats à tapas. Ajoutez un peu de cumin, si nécessaire. Il faut que les fèves soient encore chaudes au moment de servir.

Si vous n'aimez pas manger les fèves avec leur peau, alors suivez les indications pour fèves fraîches et après les avoir égouttées (après 3 minutes de cuisson), lavez à l'eau froide et enlevez la peau.
Second plus : vous pouvez rajouter du boudin, c'est excellent !

Haricots verts y jamon

Si vous les servez en tapas et donc en petites portions ou assiettes, 1 boîte de haricots verts mange-tout mi-fins coupés suffit ; si c'est un plat, suivez les indications suivantes.

Hyper-simple et pas cher
Préparation : 5 mn
Cuisson : 15 mn

Pour 4 personnes :
2 boîtes de haricots verts (à votre goût)
1 bel oignon
300 g de tomates en cubes pelées
2 gousses d'ail
Huile d'olive
100 g de jamon de pays (coupé en petits morceaux) ou 1 saucisse 1/2 par personne (coupées elles aussi en petits bouts) ou du chorizo à cuire (dans ce cas, enlevez le piment de Cayenne à la recette)
Sel, poivre, piment de Cayenne, herbes de Provence
Persil

Faites revenir dans une sauteuse ou une marmite, l'oignon et l'ail, à feu doux, avec un bon filet d'huile d'olive pour les faire tout juste devenir transparents. En même temps, versez le jamon coupé en morceaux ou des bouts de saucisse pour les faire juste dorer (2 minutes pour le jambon, 4 minutes pour les saucisses ou pour du chorizo à cuire). Puis réservez le jambon ou les saucisses.
Versez les tomates et remuez souvent avec une belle

pincée de persil, d'herbes de Provence et de piment de Cayenne. Cuisinez à découvert (sans couvercle).
Plongez les haricots et laissez cuire 7 minutes.
Ajoutez les saucisses ou le jamon. Servir rapidement au bout de 2 à 3 minutes. Ce plat se conserve et se réchauffe très facilement. Faites cuire plus longtemps les haricots, s'ils sont congelés.

S'il vous en reste après le match de foot, n'hésitez pas le lendemain à rajouter quelques tomates, une boîte de haricots, et à mélanger avec quelques petits bouts de saucisses grillées. Vos enfants, la panse comblée, vous remercieront avec un «papa, je t'aime» mémorable.

Tapa de gambas marinées

Très facile, assez cher, prévoir à l'avance
Préparation : 5 mn
Marinade : 8 h (bon, si vous êtes pressé, on peut négocier à 2 h)

Pour 6 personnes :
12 gambas ou grosses crevettes (c'est moins cher. Recette parfaite pour gambas ou crevettes surgelées)
4 grosses gousses d'ail
Huile d'olive
Piment de Cayenne
Persil

Décortiquez les gambas complètement. Mettez une pincée de piment de Cayenne par gamba.
Hachez 2 gousses d'ail et émincez les deux autres.

Versez dans une jatte à fond plat (ou dans un plat en terre cuite) les gambas épicées, répartissez l'ail sur les gambas, puis arrosez très généreusement d'huile d'olive. Il faut que les crevettes soient noyées sous l'huile et l'ail. Laissez mariner à température ambiante. Puis mettez au froid 1 heure avant de servir pour glacer le tout en retournant une fois les crevettes.

Un plus : préparez tout le matin, en 5 minutes, avant le départ précipité pour l'école. Même si ce n'est pas toujours facile de décortiquer des crevettes après avoir beurré la tartine du petit dernier...

Tapa de champignons à l'ail et au jambon

Pas cher, très simple
Préparation : 5 mn
Cuisson : 15 mn

Pour 6 personnes :

En tapas suivez la recette ci-dessous.
En plat, prévoyez 1 kilo de champignons.
300 g de champignons de Paris (préférez soit des champignons déjà émincés surgelés, soit des champignons coupés en boîte. Si vous êtes un puriste, préférez des champignons frais et armez-vous de patience).
100 g de jambon coupé en morceaux, de saucisse ou de chorizo
2 gousses d'ail émincées
Huile d'olive

Persil haché
Sel, poivre

Faites chauffer l'huile d'olive dans une grande poêle. Ajoutez l'ail émincé. Faites-le dorer pendant 2 à 3 minutes. Puis le jambon, la saucisse ou le chorizo durant 2 à 3 minutes.
Rajoutez les champignons et le persil. Touillez bien et baissez le feu dès que les champignons sont saisis. Servez après 10 minutes de cuisson à feu très doux.

Fondue de poivrons

Simple, rapide, pas trop cher

Pour 4 personnes :
6 gros poivrons (de plusieurs couleurs, de préférence)
1 gros oignon (ou 3 moyens)
2 gousses d'ail
Huile d'olive
Crème fraîche épaisse
Piment de Cayenne ou un petit piment que vous pouvez hacher très fin

Nettoyez les poivrons. Coupez-les en deux. Épépinez-les et enlevez toutes les parties blanches, à l'intérieur. Découpez en plusieurs morceaux les poivrons, puis faites des lanières comme des spaghettis de poivrons. Vous n'avez pas besoin d'enlever la peau des poivrons (on dit merci !).
Faites chauffer l'huile d'olive à feu moyen, puis réduisez

à feu doux après avoir mis les poivrons. Au bout de 10 minutes, incorporez l'ail et l'oignon.

Dès que les lanières de poivrons ont blanchi et sont devenues bien tendres, vous pouvez ajouter deux ou trois grosses cuillères à soupe de crème fraîche épaisse.

Touillez lorsqu'elles commencent à ramollir.

Laissez cuire toujours à découvert pendant 3 à 4 minutes. Puis servez chaud en accompagnement ou en tapa.

6 – LE DÎNER DE RÉCONCILIATION

Il ne peut y avoir qu'un menu pour une telle mission. Prenez garde de ne pas oublier le morceau de chocolat final. Si vous êtes plutôt des habitués de la « grande scène du neuf » et que vous répétez ce menu toutes les trois semaines, expliquez qu'il est bon d'avoir des rituels. Au bout de six mois, inventez en prenant appui sur les menus pour Jolie-maman.

Vous avez pris soin de déposer les enfants chez leurs amis Quentin et Margot (ce serait trop bête de ne pas en profiter pour leur faire ce plaisir).

Avant toute chose, servez-lui un petit muscat Baumes de Venise, élégant, fin, racé, de la cuvée Or Blanc, et attendez que ses yeux roulent de plaisir.

Pour ce menu, commencez sans tapas, directement par une tomate mozzarella avec sa tranche de jambon. Choisissez une belle tomate encore ferme qu'il sera facile de couper après l'avoir passée sous l'eau froide. Tranchez en minces rondelles la mozzarella, arrosez d'huile d'olive, d'un petit zeste de citron et de quelques feuilles de basilic tranchées menu, et rajoutez une belle tranche de jambon cru. Choisissez plutôt un vieux jamon serrano, moins tendre mais plus délicat. Pour le reste, suivez le guide... Il faut maintenant vite vous recoiffer, sortir cette chemise rouge un peu passée qui la fait craquer, cirer une dernière fois vos chaussures (n'oubliez pas, c'est la première chose qu'une femme regarde chez un homme. C'est en tout cas ce qu'elles affirment dans les sondages...), acheter un bouquet de fleurs, mettre un disque aux rythmes chaloupés et soigner votre regard ténébreux. À vous de jouer ! Même si la composition de cette soirée vous est connue, vous ressentez toujours des picotements de trac à l'approche du moment crucial... Courage, vous allez réussir !

Cubes de lotte au pastis

Préparation : 15 mn
Cuisson : 25 mn

Pour 6 personnes (Non, ces recettes ne font pas l'apologie de la polygamie, mais après une réconciliation aussi réussie, vous pourrez inviter Jolie-maman pour la rassurer. On ne change pas un menu qui gagne.)

6 gros tronçons de lotte (demandez au poissonnier ou à sa femme, qui est si généreuse, d'enlever la grosse arête centrale : pour une lotte, on appelle ça un os. Et les dix francs de pourboire ?)
Farine
2 gros oignons (4 petits)
2 échalotes (2 cuillerées à café d'échalotes déshydratées)
2 gousses d'ail
Bouquet garni (persillade)
500 g de tomates pelées en cubes
1/2 bouteille de vin blanc
1 bonne dose de pastis (vous pouvez remplacer par un autre alcool comme le cognac)
Huile d'olive
Sel, poivre, piment de Cayenne
Facultatif : 1 ou 2 morceaux de sucre

Émincez les oignons, les échalotes et l'ail.
Faites-les blanchir dans une cocotte ou une grande sau-

teuse avec une cuillère à soupe d'huile d'olive. Attention, faites mijoter à petit feu, pour ne pas les faire roussir. Rajoutez un peu d'huile d'olive. Quand elle est bien chaude, versez les morceaux de lottes coupés en gros cubes farinés.
Lorsque les cubes sont bien colorés, grattez le fond de la cocotte pour dégager les sucs caramélisés, arrosez de pastis ou de cognac et flambez. (Pour bien réussir le flambage, vous pouvez aussi faire chauffer légèrement le pastis et l'allumer avec une grande allumette avant de le verser sur le poisson.) Cette opération terminée, mouillez avec le vin blanc, puis réservez les morceaux de poisson.
Lorsque le vin est bien chaud, rajoutez les herbes aromatiques, les tomates en cubes, le sel, le poivre. Au bout de 6 à 7 minutes, lorsque les tomates se changent en purée lisse, rajoutez le poisson et laissez mijoter à petit feu. Servez avec du riz simple ou avec un riz jaune au safran.

Abricots à la crème caramel

Facile, pas cher, assez rapide
Préparation : 30 mn (si vous avez le temps laissez reposer les abricots 1 h)
Cuisson : 15 mn

Pour 6 personnes (même remarque que pour la recette précédente) :

1 kg de gros abricots mûrs à point
200 g de sucre
Un alcool : kirsch, cognac, etc.

Crème fraîche épaisse
Un bâton de vanille
2 sachets de sucre vanillé
Extrait de vanille liquide

Nettoyez les abricots. Coupez-les en quatre, enlevez les noyaux. Placez-les dans une grande jatte avec 100 g de sucre mélangé aux 2 sachets de sucre vanillé, pour bien les faire dégorger.
Dans une casserole, versez un petit verre d'eau, le reste du sucre à feu assez vif. Dès que ça commence à prendre couleur, versez 2 cuillères à soupe de crème fraîche épaisse. Bien lier. Laissez cuire 2 minutes, ajoutez l'extrait de vanille liquide.
Dans une grande marmite, versez les abricots et faites-les caraméliser pour qu'ils perdent un peu de leur acidité avec un bâton de vanille et quelques gouttes d'alcool (point trop n'en faut). Si nécessaire, n'hésitez pas à rajouter un peu de sucre. Faites attention de ne pas verser trop de jus d'abricot (éventuellement, vous pouvez mettre au frais ce jus et le proposer le lendemain matin au petit-déjeuner).
Dès qu'ils ont bien pris la couleur, versez le contenu de votre casserole où vous avez cuisiné à découvert (sans couvercle). Bien lier.
Préparez des petits plats à crème brûlée qui acceptent d'aller au congélateur. Versez par petites doses avec une louche. Enfournez dans le congélateur pendant au moins 1 heure. Idéal pour les grandes chaleurs. Original à Paris.

Si vous aimez le champagne, allez-y, c'est le moment !

INDEX DES RECETTES

Entrées

Tapas

Viandes

Poissons et fruits de mer

Œufs

Légumes

Desserts

REMERCIEMENTS

Ce livre est né d'un geste. Un mouvement de la main de l'Abuelo Domingo qui raclait la poêle des « migas » de mon enfance. En le voyant ainsi, avec son chapeau noir (que j'imaginais tout droit sorti d'un film américain) j'ai compris que la cuisine était une affaire trop sérieuse pour la laisser aux seules femmes.

Ce livre est aussi une compilation d'autres images de « pitchoun » :
- l'air triomphant de l'abuelito Manuel, Papi, apportant une grande poêle de riz ou de paella.
- les cheveux ébouriffés, la tête à l'envers, on se levait le matin avec ma cousine Valérie, à Oliva. Et là, on avait tout de suite le sourire. Une fête nous attendait. Pépé Juan s'était levé à 6 heures et avait préparé des « Churros ». Le régal des petits matins espagnols.

Ce livre est aussi né d'un désir. Celui qui m'a tenaillé à la mort de Frank : organiser à tout prix des repas pour dire à ses amis combien on les aime. Et c'est au cours d'un de ces repas arrosés (où l'on ne sait plus si l'on est joyeux par la grâce du vin ou par celle de nous retrouver à inventer le monde) que Stéphane a eu l'idée de ce livre. Qu'il en soit ici remercié.

Et puis il y a *la* Femme. Enfin. Mi Kariña. Celle qui hurle en découvrant l'état de la cuisine après une œuvre créatrice. Celle qui succombe encore et toujours au dîner de réconciliation. Celle qui arrive encore à rire quand elle me voit prendre mes postures de macho andalou et qui a la patience et la bonté de s'extasier devant chacune de mes nouveautés.

TABLE DES MATIÈRES

CATALOGUE LIBRIO
CLASSIQUES

Affaire Dreyfus (L')
J'accuse et autres documents - n°201

Alphonse Allais
L'affaire Blaireau - n°43
A l'œil - n°50

Honoré de Balzac
Le colonel Chabert - n°28
Melmoth réconcilié - n°168
Ferragus, chef des Dévorants - n°226

Jules Barbey d'Aurevilly
Le bonheur dans le crime - n°196

Charles Baudelaire
Les Fleurs du Mal - n°48
Le Spleen de Paris - n°179
Les paradis artificiels - n°212

Beaumarchais
Le barbier de Séville - n°139

Bernardin de Saint-Pierre
Paul et Virginie - n°65

Pedro Calderón de la Barca
La vie est un songe - n°130

Giacomo Casanova
Plaisirs de bouche - n°220

Corneille
Le Cid - n°21

Alphonse Daudet
Lettres de mon moulin - n°12
Sapho - n°86
Tartarin de Tarascon - n°164

Descartes
Le discours de la méthode - n°299

Charles Dickens
Un chant de Noël - n°146

Denis Diderot
Le neveu de Rameau - n°61

Fiodor Dostoïevski
L'éternel mari - n°112
Le joueur - n°155

Gustave Flaubert
Trois contes - n°45
Dictionnaire des idées reçues - n°175

Anatole France
Le livre de mon ami - n°121

Théophile Gautier
Le roman de la momie - n°81
La morte amoureuse - n°263

Genèse (La) - n°90

Goethe
Faust - n°82

Nicolas Gogol
Le journal d'un fou - n°120
La nuit de Noël - n°252

Grimm
Blanche-Neige - n°248

Victor Hugo
Le dernier jour d'un condamné - n°70

Henry James
Une vie à Londres - n°159
Le tour d'écrou - n°200

Franz Kafka
La métamorphose - n°3

Eugène Labiche
Le voyage de Monsieur Perrichon - n°270

Madame de La Fayette
La Princesse de Clèves - n°57

Jean de La Fontaine
Le lièvre et la tortue et autres fables - n°131

Alphonse de Lamartine
Graziella - n°143

Gaston Leroux
Le fauteuil hanté - n°126

Longus
Daphnis et Chloé - n°49

Pierre Louÿs
La Femme et le Pantin - n°40
Manuel de civilité - n°255
(*Pour lecteurs avertis*)

Nicolas Machiavel
Le Prince - n°163

Stéphane Mallarmé
Poésie - n°135

Guy de Maupassant
Le Horla - n°1
Boule de Suif - n°27
Une partie de campagne - n°29
La maison Tellier - n°44
Une vie - n°109
Pierre et Jean - n°151
La petite Roque - n°217
Le docteur Héraclius Gloss - n°282

Karl Marx, Friedrich Engels
Manifeste du parti communiste - n°210

Prosper Mérimée
Carmen - n°13
Mateo Falcone - n°98
Colomba - n°167
La vénus d'Ille - n°236

Les Mille et Une Nuits
Histoire de Sindbad le Marin - n°147
Aladdin ou la lampe merveilleuse - n°191
Ali Baba et les quarante voleurs - n°298

Mirabeau
L'éducation de Laure - n°256
(*Pour lecteurs avertis*)

Molière
Dom Juan - n°14
Les fourberies de Scapin - n°181
Le bourgeois gentilhomme - n°235
L'école des femmes - n°277

Alfred de Musset
Les caprices de Marianne - n°39

Gérard de Nerval
Aurélia - n°23
Ovide
L'art d'aimer - n°11

Charles Perrault
Contes de ma mère l'Oye - n°32

Platon
Le banquet - n°76

Edgard Allan Poe
Double assassinat dans la rue Morgue - n°26
Le scarabée d'or - n°93
Le chat noir - n°213
La chute de la maison Usher - n°293

Alexandre Pouchkine
La fille du capitaine - n°24
La dame de pique - n°74

Abbé Prévost
Manon Lescaut - n°94

Raymond Radiguet
Le diable au corps - n°8
Le bal du comte d'Orgel - n°156

Jules Renard
Poil de Carotte - n°25
Histoires naturelles - n°134

Arthur Rimbaud
Le bateau ivre - n°18

Edmond Rostand
Cyrano de Bergerac - n°116

Marquis de Sade
Le président mystifié - n°97
Les infortunes de la vertu - n°172

George Sand
La mare au diable - n°78
La petite Fadette - n°205
Scènes gourmandes - n°286

William Shakespeare
Roméo et Juliette - n°9
Hamlet - n°54
Othello - n°108
Macbeth - n°178

Sophocle
Œdipe roi - n°30

Stendhal
L'abbesse de Castro - n°117
Le coffre et le revenant - n°221

Robert Louis Stevenson
Olalla des Montagnes - n°73
Le cas étrange du Dr Jekyll et de M. Hyde - n°113

Anton Tchekhov
La dame au petit chien - n°142
La salle n°6 - n°189

Léon Tolstoï
Hadji Mourad - n°85
La mort d'Ivan Ilitch - n°287

Ivan Tourgueniev
Premier amour - n°17

Mark Twain
Trois mille ans chez les microbes - n°176

Vâtsyâyana
Kâma Sûtra - n°152

Bernard Vargaftig
La poésie des Romantiques - n°262

Paul Verlaine
Poèmes saturniens *suivi de* Fêtes galantes - n°62
Romances sans paroles - n°187
Poèmes érotiques - n°257
(*Pour lecteurs avertis*)

Jules Verne
Les cinq cents millions de la Bégum - n°52
Les forceurs de blocus - n°66
Le château des Carpathes - n°171
Les Indes noires - n°227

Voltaire
Candide - n°31
Zadig ou la Destinée - n°77
L'ingénu - n°180

Emile Zola
La mort d'Olivier Bécaille - n°42
Naïs - n°127
L'attaque du moulin - n°182

LITTÉRATURE

Richard Bach
Jonathan Livingston le goéland - n°2

René Barjavel
Béni soit l'atome - n°261

René Belletto
Le temps mort
- L'homme de main - n°19
- La vie rêvée - n°37

Pierre Benoit
Le soleil de minuit - n°60

Nina Berberova
L'accompagnatrice - n°198

Georges Bernanos
Un crime - n°194
Un mauvais rêve - n°247

Patrick Besson
Lettre à un ami perdu - n°218

André Beucler
Gueule d'amour - n°53

Calixthe Beyala
C'est le soleil qui m'a brûlée - n°165

Alphonse Boudard
Une bonne affaire - n°99
Outrage aux mœurs - n°136

Serge Brussolo
Soleil de soufre - n°291

Francis Carco
Rien qu'une femme - n°71

Muriel Cerf
Amérindiennes - n°95

Jean-Pierre Chabrol
Contes à mi-voix
- La soupe de la mamée - n°55
- La rencontre de Clotilde - n°63

Georges-Olivier Châteaureynaud
Le jardin dans l'île - n°144

Andrée Chedid
Le sixième jour - n°47
L'enfant multiple - n°107
Le sommeil délivré - n°153
L'autre - n° 203
L'artiste - n°281

Bernard Clavel
Tiennot - n°35
L'homme du Labrador - n°118
Contes et légendes du Bordelais - n°224

Jean Cocteau
Orphée - n°75

Colette
Le blé en herbe - n°7
La fin de Chéri - n°15
L'entrave - n°41

Raphaël Confiant
Chimères d'En-Ville - n°240

Pierre Dac
Dico franco-loufoque - n°128
Bons baisers de partout - 1 - n°275
Bons baisers de partout - 2 - n°292

Philippe Delern
L'envol - n°280

André Dhôtel
Le pays où l'on arrive jamais - n°276

Philippe Djian
Crocodiles - n°10

Les droits de l'homme
Anthologie présentée par Jean-Jacques Gandini - n°250

Richard Paul Evans
Le coffret de Noël - n°252

Frison-Roche
Premier de cordée, 2 vol. - n^{os}148 et 149

Gulliver - 1 (revue) - Dire le monde - n°239
Gulliver - 2 (revue) - Musique ! - n°269
Gulliver - 3 (revue) - World Fiction - n°285

Khalil Gibran
Le Prophète - n°185

Albrecht Goes
Jusqu'à l'aube - n°140

Sacha Guitry
Bloompott - n°204

Frédérique Hébrard
Le mois de septembre - n°79

Eric Holder
On dirait une actrice - n°183

Michel Houellebecq
Rester vivant - n°274

Raymond Jean
La lectrice - n°157

Jean-Charles
La foire aux cancres - n°132

Félicien Marceau
Le voyage de noce de Figaro - n°83

Jean Markale
Le temps des merveilles (anthologie) - n°297

François Mauriac
Un adolescent d'autrefois - n°122

Méditerranées
Une anthologie présentée par
Michel Le Bris et J.-C. Izzo - n°219

Henry de Monfreid
Le récif maudit - n°173
La sirène du Rio Pongo - n°216

Alberto Moravia
Le mépris - n°87

Claude Nougaro
Le Jazz et la Java - n°199

Paroles de poilus
Anthologie. Lettres du front 1914-1918 - n°245

Claude Pujade-Renaud
Vous êtes toute seule ? - n°184

Henri Queffélec
Un recteur de l'île de Sein - n°169

Vincent Ravalec
Du pain pour les pauvres - n°111
Joséphine et les gitans - n°242

Gilles de Saint-Avit
Deux filles et leur mère - n°254 (*Pour lecteurs avertis*)

Erich Segal
Love Story - n°22

Albert t'Serstevens
L'or du Cristobal - n°33
Taïa - n°88

Sortons couverts !
(10 histoires de préservatifs) - n°290

Denis Tillinac
Elvis - n°186

Marc Trillard
Un exil - n°241

Henri Troyat
La neige en deuil - n°6
Le geste d'Eve - n°36
La pierre, la feuille et les ciseaux - n°67
La rouquine - n°110
Viou - n°284

Vladimir Volkoff
Nouvelles américaines
- Un homme juste - n°124
- Un cas de force mineure - n°166

Xavière
La punition - n°253 (*Pour lecteurs avertis*)

LIBRIO MUSIQUE

Guillaume Bara
La Techno - n°265

Pascal Bussy
Coltrane - n°267

Emmanuelle Debaussart
Les musiques celtiques - n°294

Francis Dordor
Bob Marley - n°278

François Ducray
Gainsbourg - n°264

François-Xavier Gomez
Les musiques cubaines - n°279

Florence Tredez
Georges Brassens - n°295

Nicolas Ungemuth
Bowie - n°266

POLICIERS

John Buchan
Les 39 marches - n°96

Leslie Charteris
Le Saint
- Le Saint entre en scène - n°141
- Le policier fantôme - n°158
- En petites coupures - n°174
- Impôt sur le crime - n°195
- Par ici la monnaie ! - n°231

Arthur Conan Doyle
Sherlock Holmes
- La bande mouchetée - n°5
- Le rituel des Musgrave - n°34
- La cycliste solitaire - n°51
- Une étude en rouge - n°69
- Les six Napoléons - n°84
- Le chien des Baskerville - n°119
- Un scandale en Bohême - n°138
- Le signe des Quatre - n°162
- Le diadème de Béryls - n°202
- Le problème final - n°229
- Les hommes dansants - n°283

Ellery Queen
Le char de Phaéton - n°16
La course au trésor - n°80
La mort de Don Juan - n°228

Jean Ray
Harry Dickson
- Le châtiment des Foyle - n°38
- Les étoiles de la mort - n°56
- Le fauteuil 27 - n°72
- La terrible nuit du zoo - n°89
- Le temple de fer - n°115
- Le lit du diable - n°133
- L'étrange lueur verte - n°154
- La bande de l'Araignée - n°170
- Les Illustres Fils du Zodiaque - n°190
- L'île de la terreur - n°230

LIBRIO NOIR

Bill Ballinger
Version originale - n°244

James M. Cain
Le bébé dans le frigidaire - n°238

Didier Daeninckx
Autres lieux - n°91
Main courante - n°161
Le Poulpe/Nazis dans le métro - n°222
Les figurants - n°243

Gérard Delteil
Le Poulpe/Chili incarné - n°272

Pascal Dessaint
Le Poulpe/Les pis rennais - n°258

Frédéric H. Fajardie
Les Hauts-vents - n°289

Jean-Claude Izzo
Vivre fatigue - n°208

Thierry Jonquet
Le pauvre nouveau est arrivé ! - n°223

Méchante dose (La)
(Anthologie présentée par
Jacques Sadoul) - n°273

Daniel Picouly
Tête de nègre - n°209

Jean-Bernard Pouy
Le Poulpe/La petite écuyère a cafté - n°206

Hervé Prudon
Le Poulpe/Ouarzazate et mourir - n°288

Patrick Raynal
Le Poulpe/Arrêtez le carrelage - n°207

Jean-Jacques Reboux
Le Poulpe/La cerise sur le gâteux - n°237

François Thomazeau
Les aventures de Schram et Guigou/
Qui a tué M. Cul ? - n°259

LIBRIO CUISINE

Gilles Perez
La cuisine des maris - n°319

Catherine Valabrègue
La cuisine des gens pressés - n°320

Karine Bonjour
La cuisine des gourmandes - n°321

Franck Spengler
La cuisine des amants - n°322

Les sœurs Schwartzbrod
La cuisine des enfants - n°323

FANTASTIQUE - S.-F.

Isaac Asimov
La pierre parlante - n°129

Ray Bradbury
Celui qui attend - n°59

Jacques Cazotte
Le diable amoureux - n°20

Cent ans de Dracula (Les)
8 histoires de vampires - n°160

Arthur C. Clarke
Les neuf milliards de noms de Dieu - n°145

Contes fantastiques de Noël
Anthologie - n°197

Philip K. Dick
Les braconniers du cosmos - n°211

Dimension fantastique (La)
13 nouvelles fantastiques - n°150

Dimension fantastique 2 (La)
6 nouvelles fantastiques - n°234

Dimension fantastique 3 (La)
10 nouvelles fantastiques - n°271

Alexandre Dumas
La femme au collier de velours - n°58

Erckmann-Chatrian
Hugues-le-Loup - n°192

Claude Farrère
La maison des hommes vivants - n°92

Stephen King
Le singe - n°4
La ballade de la balle élastique - n°46
La ligne verte
- Deux petites filles mortes - n°100
- Mister Jingles - n°101
- Les mains de Caffey - n°102
- La mort affreuse d'Edouard Delacroix - n°103
- L'équipée nocturne - n°104
- Caffey sur la ligne - n°105
Danse macabre - 1 - n°193
Danse macabre - 2 - n°214
Danse macabre - 3 - n°233
Danse macabre - 4 - n°249

William Gibson
Fragments de rose en hologramme - n°215

Howard P. Lovecraft
Les Autres Dieux - n°68
La quête onirique de Kadath l'inconnue - n°188

Arthur Machen
Le grand dieu Pan - n°64

Terry Pratchett
Le Peuple du Tapis - n°268

Clifford D. Simak
Honorable adversaire - n°246

Dan Simmons
Le conseiller - n°260

Bram Stoker
L'enterrement des rats - n°125

Librio
Le livre à 10F
319

Achevé d'imprimer en Europe
à Pössneck (Thuringe, Allemagne)
en septembre 1999 pour le compte de EJL
84, rue de Grenelle, 75007 Paris
Dépôt légal septembre 1999

Diffusion France et étranger : Flammarion